OTTMAR FUCHS

Wer's glaubt, wird selig ... Wer's nicht glaubt, kommt auch in den Himmel

echter

Bibliografische Information der Deutschen Nationalbibliothek
Die Deutsche Nationalbibliothek verzeichnet diese Publikation in der Deutschen Nationalbibliografie; detaillierte bibliografische Daten sind im Internet über ‹http://dnb.d-nb.de› abrufbar.

www.echter-verlag.de
Umschlag: wunderlichundweigand.de
(Foto: © muffinmaker/photocase.com)
Satz: Hain-Team, Bad Zwischenahn (www.hain-team.de)
Druck und Bindung: CPI – Clausen & Bosse, Leck
ISBN
978-3-429-03485-6 (Print)
978-3-429-04632-3 (PDF)
978-3-429-06041-1 (ePub)

Ottmar Fuchs

Wer's glaubt, wird selig ...
Wer's nicht glaubt, kommt auch in den Himmel

Inhalt

Vorwort

Religionen können menschliche Ängste bis ins Unermessliche steigern, sie können aber auch von Ängsten befreien und sie bewältigen helfen. Für viele Menschen sind christlicher Glaube und christliche Gemeinde jene Orte, wo sie aufatmen können, wo im zwischenmenschlichen Vertrauen das Vertrauen auf Gott wachsen kann und wo sich umgekehrt vom Gottesglauben her die Beziehung zu den Menschen vertieft und bereichert. Demgegenüber sind aber auch all die Menschen ernst zu nehmen, die den Glauben gerade nicht als Befreiung, sondern als Bedrückung und Unterdrückung erlebt haben und erleben. Auch die, die nicht selbst davon betroffen sind, werden Menschen kennen, die derart im Glauben verkettet sind, und manchmal haben sie selbst noch Restbestände beängstigender und zwangvoller Glaubensbilder „im Bauch“.

Angst und Zwang im religiösen Bereich wurzeln meist in der Vorstellung, dass der Weg zu Gott mit vielen Wenn-Danns gepflastert ist, die zuerst und oft unter Strafandrohungen zu erfüllen sind, damit Gott den Menschen gut ist und gut tut. Einmal in diese Richtung hellhörig geworden, erschrickt man zuweilen, wie dieses Wenn-Dann-Muster auch noch in sublimer Form vorherrscht und sich im unmäßigen Gebrauch des „Müssens“ nicht für die befreiende Botschaft öffnet: dass Gott niemals seine Liebe zurückzieht, was immer die Menschen machen oder nicht machen. Die frohe Botschaft, dass Gott jede Bedingung „aufhebt“, ist das Grundanliegen dieses Buches.

Dieses Anliegen ist nicht nur eine Frage christlicher Spiritualität, sondern reicht weit in akute Zukunftsprobleme und ihre politische Bewältigung hinein. Für eines steht das Flüchtlingsdrama „Lampedusa". Ein entgrenzender Gottesglaube könnte sich in Europa als eine unerschöpfliche Ressource für eine Haltung erweisen, die möglichst keine Bedingungen stellt und niemanden ausgrenzen muss. Denn was in der Gottesbeziehung erlebt werden darf, wirkt sich auf die Menschenbeziehung aus.

Dieses Buch ist das Ergebnis vieler Begegnungen, Gespräche und Lektüren. Allen, die zugehört, das Ihrige geteilt und mitgeteilt haben, mit ihren Anfragen und Widerständen bis hin zu den vielfältigen Unterstützungen, ohne die das Buch nicht hätte entstehen können, bin ich sehr dankbar! Namentlich danke ich Herrn Heribert Handwerk für sein engagiertes und umsichtiges Lektorat.

Tübingen und Lichtenfels im Februar 2012, am Vorabend zum 1. Fastensonntag mit dem Evangelium: Der Teufel nennt „Wenn-dann"-Bedingungen (vgl. Mt 4,1–11): *„Das alles will ich dir geben, wenn du vor mir niederfällst und mich anbetest"*, und Jesus widersteht den Wenn-dann-Versuchungen: *„Da sagte Jesus: Weg von mir, Satan!" (Mt 4,9–10).*

Ottmar Fuchs

1. Hinführung

Selbstbewusst setzt sich das Sprichwort „Wer's glaubt, wird selig, wer's nicht glaubt, kommt auch in den Himmel“ in Widerspruch zu Mk 16,16: „Wer glaubt und sich taufen lässt, der wird selig (gerettet) werden; wer aber nicht glaubt, wird verdammt werden.“

Nun, es gibt auf der anderen Seite eine Reihe von biblischen Texten, die sich selbst zu diesem Satz aus dem zugefügten Markusschluss in einen hoffnungsvollen Widerspruch bringen, wie etwa der Satz aus dem Lukasevangelium, dass bei Gott nichts unmöglich sei[1] (vgl. Lk 1,37 und Mt 19,26). Und die Weltgerichtsrede in Mt 25,31–46 erwähnt gerade den Glauben nicht als Einlassbedingung in das Himmelreich, sondern gute und helfende Taten: ob man Kranke besucht, Obdachlose aufgenommen und Hungrige gespeist hat. Und dann gibt es jene Texte, die auch über die Verurteilung hinaus Gottes Liebe und Versöhnung in den Blick nehmen. In Jesus ist ein Verdammter Gottes Augapfel.

Welche biblischen Texte etwas bedeuten, auch in Ergänzung und Kritik zu anderen biblischen Texten, hängt davon ab, welche Bedeutung die jeweils Lebenden ihnen zumessen, im Zusammenhang ihrer Verhältnisse, Herausforderungen und Dringlichkeiten.

In diesem Buch begebe ich mich auf eine solche Spurenlese für die Zukunft des christlichen Glaubens in seiner lokalen und globalen Weltverantwortung.[2] Dabei geht es besonders darum, den christlichen Glauben aus seinem eigenen Herzen heraus von Bemächtigungsattitüden, Zwangsvorstellungen und darin von zerstörerischen

Wahnbildern, kurz: von der Angst zu befreien und so in ihm und ihm gegenüber den Horizont der Freiheit schier unendlich weit werden zu lassen.

Ein Hinweis zum Gebrauch der Gottesrede: Den Gottesbegriff wiederhole ich lieber, als dass ich ihn mit „er“ wiedergebe und damit vermännliche. Allerdings hat dies den Nachteil, dass es im Text so viel „gottet“, als könnte man leicht und selbstverständlich über Gott reden. Dieses Dilemma sei als Vorbehalt eingebracht: Ein sprachlicher Zugriff ist immer auch, vor allem und wenn er häufig kommt, ein Versuch, *etwas* in den Griff zu bekommen. Über Gott reden macht Gott eher zum Gegenstand als „mit Gott zu sprechen“, also zu beten. Denn eine Ich-Du-Begegnung, wenn sie gut ist, bringt von vorneherein die andere Person nicht in die Herrschaft eines verdinglichenden Zugriffs, sondern lässt ihr auch ihr unantastbares und unergründliches Geheimnis. Dies gilt vor allem auf dem Hintergrund meines Anliegens, Gott „wirklich“ Gott sein zu lassen, unendlich über alle menschliche Fassungskraft hinaus: im Glauben berührbar, aber erst im Lobpreis Gottes abgebbar, in der Anbetung, die Gott die Ehre gibt und in dieser „Doxologie“ Gott „größer“ und „mehr“ sein lässt als alles Menschliche und Irdische, jenseits seines/ihres „Nutzens“ für die Menschen.

Es geht hier um nicht weniger als darum, wie Christinnen und Christen künftig ihre Wahrheit vertreten. Geschieht dies im Selbstbewusstsein eines Wahrheitsbesitzes, das schon in der Form, nämlich etwas zu besitzen, Gott verliert und zum Götzen macht? Vertritt man die Ideologie eines „Clash of religions“ (Krieg der Religionen), in dem es zur Herrschaftsfrage wird, welche Religion sich exklusiv gegenüber der anderen durchsetzt? Lässt sich das

Christentum von solchen Bewegungen in seinem Inneren wie auch im Außen anderen Religionen gegenüber das Gesetz des Handelns aufzwingen? Wird damit die Chance verspielt, jene neue Daseinsform der eigenen Identität zu suchen und zu finden, die dem Christentum von Anfang an in sein eigenes Herz geschrieben ist und die auch in seiner Geschichte immer wieder Wirklichkeit war, nämlich den Glauben als Gnade zu erleben und Gott als Geheimnis unerschöpflicher Liebe zu preisen? Sich in Wahrheit für die kleinen und nichtsiegreichen Menschen und Völker und sich in Wahrheit für die Freiheit der Menschen mit, vor, ohne und gegen Gott einzusetzen, dies wäre das religionskritische Gegenkonzept zur Religionsgeschichte als Siegergeschichte.

2. Erste Spuren

1. Glaube, eine „Kettensäge"?

In der Tagespresse und in den Feuilletons insbesondere der letzten Jahre wird das Verhältnis von Glaube und Zwang immer wieder aufgegriffen. So schreibt Christian Nürnberger in der Süddeutschen Zeitung: „Dogmatische Abrüstung wäre daher angesagt, dieser noch unbeschrittene, nicht zu Pferd, sondern nur zu Fuß gangbare Weg des ‚geistlich Armen' ist die vermutlich letzte Chance beider Kirchen. Ihn zu gehen, hieße: vom Dogma schweigen, aber den Willen Gottes tun, also die Armut bekämpfen, Unterdrückten zur Freiheit verhelfen, der Wahrheit Geltung verschaffen, Frieden stiften, Kranke heilen, die Mächtigen kritisieren, falschen Göttern den Gehorsam kündigen und hoffen, dass sich dann erfüllt, was verheißen wurde: Wer den Willen Gottes tut, wird Gott schauen."[3] Den Glaubenden von heute trägt nichts anderes als „ein Balken, an den nichts geheftet, treibend auf dem Meere."[4] Auch wenn der Dogmenbegriff hier aus theologischer Perspektive korrekturbedürftig ist, trifft er in diesem Sprachgebrauch doch das Richtige: nämlich die Strategie, den Glauben an einen Zwangszusammenhang zu heften, wie dies, nach Ansicht des Autors, die Kirche jahrhundertelang immer wieder getan hat.

Katholischen Gläubigen wird darüber hinaus vorgeworfen, dass selbst noch ihr Einsatz gegen die Verbindung von Glaube und Zwang das damit verbundene Autoritätssystem nicht verlässt, auch in der Gegenabhängigkeit nicht. Dies zeigt die spöttische Bemerkung, von der der von der katholischen zur evangelischen Kirche konvertierte Arnd Brummer zu berichten weiß. „Einmal katholisch, immer katholisch. Ihr braucht doch den Papst! Die einen, um ihn zu verehren, die anderen, um sich gegen ihn zu wehren."[5]

Ein wirklich erschreckendes Buch hat jüngst Andreas Altmann geschrieben, ein Wutbuch über seine brutale katholische Kindheit und Jugend in Altötting.[6] In einem Interview in „DIE ZEIT" spricht er von Religionslehrern, die „Götter der Scheinheiligkeit (waren). Keine Wärme, kein Verzeihen, keinen Funke Liebe für uns Kinder."[7] Altmann ist Devotionalienhändlersohn, „den aber kein Gott vor seinem sadistischen Vater und seinen brutalen Lehrern rettete, so dass er die Gnadenlosigkeit auskosten musste"[8]. Altmann selbst spricht von der „Kettensägenmonsterideologie des Glaubens", die das Leben terrorisiert und Liebessehnsucht unerfüllt sein lässt. Und er bekommt zuhauf Zuschriften und E-Mails von Menschen, die Ähnliches erfahren haben.[9] Die öffentlichen Fälle schlimmster Erfahrungen mit Kirche bzw. ihren Hauptamtlichen ist nur die Spitze vom Eisberg: bis in unsere Gemeinden hinein, vor allem auch hinsichtlich der Unterdrückung im Glauben selber, mit dem Überraschungswort, wenn dessen erlösende und liebevolle Aspekte zur Sprache kommen: „Warum hat uns das bisher niemand gesagt?!"

Dass es sich bei diesen bekannt gewordenen Fällen um Extremfälle auch ansonsten tiefsitzender Erfahrungen und Ängste bei Gläubigen selbst handelt, habe ich in der Seelsorge immer wieder erfahren. Vor allem seitdem ich mich um die Bedeutung des „Jüngsten Gerichts" bemühe,[10] werde ich gefragt, warum ich als praktischer Theologe dieses an sich bisher weitgehend in der Dogmatik erörterte Thema von den „Letzten Dingen“ bearbeite. Das Gerichtsthema reicht bis in meine Kaplanszeit hinein, wo ich die Ängste in Bezug auf den Tod und auf das, was danach kommt, auch vor der Hölle, nicht nur bei älteren Leuten unglaublich vital erlebt habe. Übrigens auch noch bei Menschen, die das alles anzweifeln oder ablehnen. Bis hin zur Angst auch jüngerer Eltern, dass Gott ihre Söhne und Töchter nicht mehr lieben könnte, weil sie, oft aufgrund von Enttäuschungserfahrungen, von der Kirche Abstand genommen haben.

Mich hat bis heute diese Fragestellung nach dem Verhältnis von Glaube, Unterdrückung und Angst nicht mehr losgelassen. Im Grunde ist es die Aufarbeitung eines kollektiven Traumas der Kirchengeschichte, dieser jahrhundertealten Angst vor einem gnadenlos strafenden Gott, weil die Menschen nicht gläubig und/oder nicht gut genug waren. Das steckt tief, auch bei den nicht zur Kirche dazugehörigen Menschen. Sie übertragen auf die Kirchen immer noch die religiöse Angst und rebellieren dagegen. Bestimmte Medienprodukte und Filme tun das ihrige, diese Projektionen aufrechtzuerhalten.

2. Glaubensschwund ohne Angst

Neben dieser Spur der Verbindung von Glaube und Zwang, von Kirche und Angst gibt es die Spuren, auf denen der Glaube ohne Angst schwächer wird, bis dahin, dass er abhandenkommt. Viele Menschen wären gerne gläubig und können es nicht sein.

Nach Beendigung des letzten Examens sagte ein Theologiestudent zum Abschied, und ich gebe hier seine Gedanken in meiner Sprache wieder: ‚Ich habe meinen Glauben verloren. Nicht wegen des Theologiestudiums, das mir bis zum Schluss Freude gemacht hat, sondern einfach so. Es ist passiert im Zusammenhang verschiedener Ereignisse in meinem Leben. Und ich fühle mich nicht unglücklich. Ich kann gut auch ohne diesen Glauben leben und weiterleben. Natürlich fehlt mir etwas, es fehlt mir vor allem die Hoffnung über den Tod hinaus. Aber da gibt es noch einen Rest: Gibt es den Gott, über den ich im Theologiestudium nachgedacht habe, dann doch über meinen Unglauben hinaus, nimmt er es mir auf keinen Fall übel, wenn ich nicht mehr an ihn glaube. Er ist vielleicht traurig darüber, wie ich traurig darüber bin, dass ich nicht mehr auf ihn bauen kann, aber wenn es ihn dann doch gibt, wird er seine Liebe von mir niemals zurückgezogen haben.

Ich kann ja auch gar nichts dafür, es ist mir sehr klar geworden, dass der Glaube wirklich ein Geschenk ist, eine Gabe, die man bekommt oder nicht bekommt, die letztlich an keine Bedingungen gebunden ist. Weder für den einen noch für den anderen Fall muss ich Angst haben. Ich kann mich immer noch über die Gottesphantasie der Gläubigen freuen, denn solche Glaubensvorstellung ist kein Wahn, sondern ein wunderbares Bild der Hoffnung. Und kann auch niemandem schaden, wenn niemand ausgegrenzt wird. Gegen den Glauben an eine unendliche Liebe ist nichts zu sagen, wenn man ihn geschenkt bekommen hat.‘

Ich treffe zunehmend kirchennahe ältere Menschen, auch Theologen und Theologinnen, die sich irgendwie als solche erfahren, die auf den Glauben verzichten können, ohne viel Schmerz dabei zu empfinden, einfach weil er sich irgendwie erübrigt. Dabei geht es nicht darum, mutwillig dagegen anzugehen oder aktiv etwas nicht mehr glauben zu können oder zu wollen, sondern darum, dass die Bilder des Glaubens verblassen, ihre Kraft verlieren, eine Schwäche bekommen. Eine Schwäche allerdings, die darin stark ist, dass sie alle Hoffnung, ohne sie zu verneinen, über den Tod hinaus an *die* Macht abzugeben vermag, die alles auffängt oder alles versinken lässt. Und Letzteres vielleicht doch in die abgrundtiefe Liebe Gottes? Dieses „Vielleicht" eines „schwachen" Glaubens,[11] dem unwahrscheinlichen „Vielleicht" des Propheten Amos ähnlich („... vielleicht wird der Herr, der Gott Zebaoth, doch gnädig sein ...", Amos 5,15), nämlich dass Gott vielleicht doch noch retten wird, wird nicht einer großspurigen Verneinung geopfert, die immer über ihre Verhältnisse lebt und diesbezüglich ziemlich besserwisserisch erscheint.

Diese eigenartige Erfahrung, dass gläubigen Menschen der Glaube irgendwie fern erscheint, fremd wird oder gar abhandenkommt, hat die Theologin Silvia Strahm Bernet folgendermaßen beschrieben: „Existiert in den Himmeln irgendetwas, das sich kümmert, um mich, um uns? Wieso gibt es etwas und nicht vielmehr nichts? Ich bin nicht weitergekommen, die Fragen sind nicht verschwunden, nur ihre Kraft hat abgenommen und die Dringlichkeit einer Antwort. Ich kann auch ohne leben. Im Nichtwissen kann man sich ein Leben einrichten, in dem der Schmerz über das Nichtwissen auszuhalten ist." Und: „Gott, Erlösung, Gnade, Sünde, Christus, Vergebung, Gericht, Heil, große alte Worte, die wie erratische Blöcke in der Welt stehen und Findlingen gleich noch an große Umwälzungen erinnern, an eine andere Welt, und doch Überbleibsel sind." Und so wird es schwer und schwerer, „anzuknüpfen an einer Welt, die so weit weg scheint, die in ihren Worten,

Symbolen, Ritualen zwar noch immer Vibrationen erzeugt, aber nur schwache. ... Ja, da lebt noch etwas, ganz weit weg, in den untersten Schichten des biographischen Sedimentes, und es ist noch da, es nährt nicht, es ist eher ein schmerzhaftes Ziehen, die Erinnerung, dass etwas war, wenn auch nur ein feuriger Wunsch, nun aber unaufhaltsam entgleitet. Tot ist es noch nicht, nicht solange es Lebenszeichen sendet, wenn auch ganz leise. ... manch eine Pietà rührt mich noch immer zu Tränen und auch der Gekreuzigte mag ihn immer noch wieder hervorzuholen, den kindlichen Schmerz über die Grausamkeit der Welt, ein Schmerz, der geblieben ist und sich nicht mildern lässt und mit dem man dennoch leben lernt, ohne es sich je zu verzeihen."

Und weiter: „Ich bin eine ungläubige Gläubige. Ich glaube nicht, was zu glauben ist, und bin doch in einem dauernden Gespräch mit ihm oder ihr. Ich lebe noch immer von religiösen Sätzen, Bildern und Musik, aber ich lebe nicht mit ihnen. Sie tauchen nur sporadisch auf und ich hole sie hervor und ich staune, wie viel Leben sie erzeugen und Begeisterung und Anregung. Aber ich lege sie wieder weg, und sie gehen vergessen wie Gegenstände, die man aufbewahrt, in Sichtweite, und doch nicht mehr sieht ... Wenn alles in Bewegung ist, dann kann man nur noch den Kopf über Wasser halten, aber keine großen Visionen mehr entwickeln. Die Hoffnung reduziert sich darauf, nicht unterzugehen. Das klingt ein wenig erbärmlich. Und ist doch für eine wie mich nicht nichts, sondern der Angelhaken, der noch immer in dem steckt, wonach ich mich trotz allem sehne." Am Ende zitiert Strahm den Dichterphilosophen Emil M. Cioran: „Wie schade, dass man, um zu Gott zu gelangen, durch den Glauben hindurch muss."[12] Aus meiner Perspektive darf man demgegenüber auch sagen: Man muss gar nicht durch den Glauben hindurchgehen, um von Gott geliebt zu werden und zu Gott zu gelangen.

Hier wird deutlich: Die religiösen Symbole haben immer noch eine Wirkkraft in die Gegenwart hinein, und wenn es sich auch „nur" um das symbolische Licht erloschener Sterne handelt. So gibt es viele Menschen, die dem kirchlichen Glauben fernstehen, bei denen aber die Rituale und Symbole noch eine Resterfahrung von dem bewahren, was der Glaube einst verheißen hat. Hier wird noch etwas von der Fülle der göttlichen Liebe, von seiner Geborgenheit gespürt: Die Symbole und Rituale lassen etwas von dem Überfluss erahnen, den die Gnade über das Wort und den Glauben hinaus bringt. Unsere Kirchen leben finanziell von den vielen Menschen, die ein Leben lang ihre Kirchensteuer zahlen und die Kirchen dafür nur einige Male beanspruchen, nämlich bei den Kasualien (Taufe, Kommunion, Firmung, Konfirmation, Trauung, Beerdigung u. a.):[13] Sie lassen sich wenig viel kosten, weil sie darin den unverrechenbaren, weit über Tauschvorstellungen hinausgehenden „Überfluss" der Gnade erahnen, wie er in diesen Symbolhandlungen zur Wirkung kommt. Die Fülle der künftigen Gnade „darf bereits vorweggenommen werden im sakramentalen Handeln der Kirche"[14].

Denn es gibt ein Empfangen jenseits der überlegten Worte, „wie die gewaltige Wirkung eines Kunstwerkes, das bewegt, ohne dass der Rezipient jedes Detail zu verstehen in der Lage ist"[15]. Hier gilt allein der Vollzug der Sakramente („ex opere operato"), nämlich dass sie aus sich heraus, ohne Bedingungserfüllungen der Menschen, Gnade erfahren lassen. So rettet die Liturgie nicht nur die Erfahrung von Glaubensinhalten, die als solche entschwunden sind, sondern auch die Erfahrung von Glaubensinhalten, die als solche einmal offenbar werden. Die Liturgie hat also in diesem Sinn eine für Vergangenheit und Zukunft stellvertretende Eigenwirkung.

3. Autonomie in gebrochener Vielfalt

Alexander Schimmel hat in seiner Untersuchung den sehr ausgeprägten Autonomieanspruch von Jugendlichen, verbunden mit der Abwehr von Vereinnahmung und Fremdbestimmung vor allem im Bereich des persönlichen Glaubens und der eigenen Religiosität, unterstrichen.[16] Hier begegnen offensichtlich auch keine Ängste mehr gegenüber kirchlichen Autoritäten bzw. gegenüber Gott. Vielmehr zeigt sich ein nicht ausschließender und unideologischer Umgang mit religiösen Fragen, verwurzelt in den je persönlichen Biographien, die zwischen den Menschen und Gruppierungen zugleich als religiöse Pluralität erlebt und in Gleichwertigkeit zugestanden werden.

Längst gilt auch für ältere Menschen: „Die Verlagerung der kirchlichen Innen-Außen-Grenze in die Biographie des Individuums und die zunehmend wahrnehmbare Pluralität von Deutungsangeboten lassen die Rede von einem ‚festen Glauben‘ zu einer unrealisierbaren und letztlich unerreichbaren Option werden.“[17]

Renate Wieser hat hinsichtlich katholisch sozialisierter alter Frauen das Bild gründlich zerbrochen, dass diese glauben würden, was ihnen zu glauben vorgegeben wurde: Theologie und Kirche „haben nicht bemerkt, dass ihnen viele ältere und alte Frauen längst schon den Rücken gekehrt haben, und sich kaum darum gekümmert, was diejenigen, die so selbstverständlich noch da sind ... wirklich brauchen würden." Theologie und Kirche „haben sich mit den alten Frauen gerade nicht auf die Suche nach einem pluralitätstauglichen Glauben gemacht, haben nicht nach ihrem Überlebensglauben gefragt und auch nicht nach ihren Erlösungshoffnungen". Der kirchlich vermittelte Glaube wird als „leere" Kommunikation erlebt, die im Ernstfall nicht trägt. Denn tatsächlich gilt: „Kontingent, mehrdeutig, unentschieden, plural, ungleichzeitig, ambivalent, jenseits von klaren und sauberen Grenzziehungen – mit Bezeichnungen wie diesen lässt sich die alltägliche Wirklichkeit von Frauen beschreiben, die in einem Jahrhundert älter und alt wurden, in dem sich so viel änderte, dass kaum mehr ein Stein auf dem anderen blieb."[18]

Wo Menschen einen bedrückenden Glauben erleben, gilt das, was Tilman Moser schreibt: „Vor allem viele ältere Frauen hätten, im Glauben an eine solche christliche Botschaft, ihr Leben in Enge und Aufopferung verbracht, und da stieße der Pfarrer auf viel untergründigen, aufgestauten Zorn, berechtigte Bitterkeit und heftige Trauer um das unter solchen Imperativen versäumte Leben, das nun nicht mehr zurückzuholen sei."[19] So gibt es offensichtlich bei gar nicht wenigen älteren Menschen jenes Betrugsgefühl, dass sie auch im Bereich ihres Glaubens um wichtige Möglichkeiten ihres Lebens gebracht wurden.[20] Was ist das für ein Glaube, der derart Leben stranguliert? Und wie müsste er sein, dass er dies nicht mehr tut? Wieser nennt dies in den Frauenbiographien den Topos des „ungelebten Lebens", das viele Gründe hat, unter denen allerdings leider *ein* Grund seine verschärfende Dynamik entwickelt, nämlich die Kontexte von Glaube und Kirche.[21] So stellen sich die Frauen „gegen eine Theologie und Kirche, die nicht mit der eigenen Einsamkeit, dem eigenen Scheitern, der eigenen Ohnmacht, der Nicht-Erfahrbarkeit Gottes rechnet und fordern … eine Karsamstags-Theologie, in der dem Tag der Tiefe, der Unterwelt und der Verlassenheit zwischen der Kreuzigung und der Auferstehung die ihm zustehende Bedeutung eingeräumt wird."[22]

Alte katholisch sozialisierte Frauen erleben auch, dass der Glaube angesichts des Leidens in der Welt und des Leidens, das sie selbst wahrgenommen und erlebt haben, keinen Sinn stiftet und keine Antwort gibt. „Das Leid begegnet als die Durchkreuzung aller herrschenden sinnstiftenden Diskurse schlechthin – denn in der Sinnlosigkeit des Leidens offenbart sich die Grenze aller Erklärungsmuster."[23]

Es gibt eben keine Erklärung für das Leiden der Menschen und auch die Vorstellung, dass Gott selber dieses Leiden in Christus erlitten hat, verkleinert nicht die Sinnlosigkeit des Leidens, sondern verschärft sie bis ins Unendliche, bis in die wohl nur in Gott aushaltbare Differenz zwischen dem am Kreuz klagenden Christus und jenem Anteil in Gott, der als „Gott Vater" für alles verantwortlich ist.[24]

4. Bedeutung des Lebens?

Und dann gibt es viele Menschen, die sagen können, dass sie Gott und Glaube nicht brauchen, entweder weil sie beides nie anders kannten und nie vermisst haben oder aus den Enttäuschungen heraus, dass beides ohnehin nichts hilft, nichts bringt und für nichts wirklich zu gebrauchen ist. Es wird sich im Folgenden zeigen, dass sie mit dem Nichtbrauchenkönnen und -müssen gar nicht so unrecht haben.

Heutzutage kommt Menschen aber nicht nur die Bedeutung des Glaubens abhanden, sondern leider auch die Bedeutung des Lebens, bis hinein in einen sich offensichtlich ausweitenden Bedeutungsverlust sogar hinsichtlich der Selbstwertigkeit des Lebens. Janne Teller ist hier in ihrem Jugendroman „Nichts. Was im Leben wichtig ist" erschreckend deutlich: „Das Ganze ist nichts weiter als ein Spiel, das nur darauf hinausläuft, so zu tun, als ob – und eben genau dabei der Beste zu sein."[25] Und weil dies so ist, verlässt ein Schüler die 7. Klasse und setzt sich auf einen Pflaumenbaum. „Alles ist egal … Denn alles fängt nur an, um aufzuhören. In demselben Moment, in dem ihr geboren werdet, fangt ihr an zu sterben. Und so ist es mit allem … Das Leben ist die Mühe überhaupt nicht wert." Und: „Nichts bedeutet irgendetwas … Das weiß ich schon lange. Deshalb lohnt es sich nicht, irgendetwas zu tun."[26] Und: „In wenigen Jahren seid Ihr alle tot und vergessen und nichts, also könnt ihr genauso gut sofort damit anfangen, euch darin zu üben."[27] Und: „Ich sitze im Nichts. Und lieber im Nichts sitzen als in etwas, was nichts ist!"[28]

Eine solche Übung führt zur Apathie: „Wenn es etwas gibt, über das es sich lohnt sauer zu werden, gibt es auch etwas, worüber es sich lohnt, sich zu freuen. Wenn es etwas gibt, über das es sich lohnt zu freuen, gibt es auch etwas, was etwas bedeutet. Aber das gibt es nicht!"[29] Die anderen jungen Menschen aus der Klasse wollen diesem Aussteiger aber beweisen, dass es Bedeutsames gibt.[30] Und so fordern sie sich gegenseitig auf, die Symbole und auch die Wirklichkeiten dieser Bedeutung zu einem Berg der Bedeutung aufzutürmen. Es ist zum Teil erschütternd, was sie sich dabei gegenseitig abverlangen. Am Ende fallen der ganze Berg, das Sägewerk und der Aussteiger dem Feuer zum Opfer. Am Ende bleibt die Asche der Bedeutung, aber genau diese Asche wird jetzt von den Jugendlichen eingesammelt: „Ich habe immer noch die Streichholzschachtel der Asche vom Sägewerk und dem Berg aus Bedeutung. Dann und wann hole ich sie vor und schaue sie an. Und wenn ich vorsichtig die abgenutzte Pappschachtel öffne und auf die graue Asche blicke, bekomme ich dieses merkwürdige Gefühl im Bauch. Und selbst wenn ich nicht erklären kann, was das ist, weiß ich doch, dass es etwas ist, was Bedeutung hat. Und ich weiß, dass man mit der Bedeutung nicht spaßen soll.“[31]

Denn die Jugendlichen wissen: Wenn der Berg der Bedeutung nichts bedeutet, dann bleibt nichts übrig, weil dann nichts etwas bedeutet,[32] dann ist auch das, was vom Berge übrig bleibt, die Asche, ohne Bedeutung.

Von Seiten des Glaubens kann man dieser Geschichte nicht antworthaft fordernd oder gar drohend begegnen, sondern nur solidarisch mitgehen und am Ende mitverweilen an der „Bedeutung“ verlorener Bedeutung, an dieser Asche, die am Ende doch etwas ist, was Bedeutung hat (vgl. Ijob 42,6).

Was ist bei all diesen hier nur vereinzelten Hinweisen und Spuren für die Zukunft des Glaubens religionskritisch in den Blick zu nehmen? Inwiefern begegnen in ihnen „Zeichen der Zeit“, die Entscheidendes zu „melden“ haben?

3. Gewalt im Glauben?

1. Allmächtig und gut?

In der christlichen Botschaft wird Gott die Allmacht zugesprochen, und sie wird auch nicht angesichts des Dilemmas abgesprochen: Wenn Gott allmächtig und gut ist, könnte er das Böse und das Leid verhindern; da Gotte es aber nicht tut, ist er entweder nicht allmächtig oder nicht gut. Im letzten Fall will Gott das Leid nicht verhindern und entpuppt sich dann als Satan, der allmächtig ist und als solcher alles geschaffen hat und ganz mit Absicht das Böse und das Leid mit hineingeschaffen hat, so dass alle Schöpfungen katastrophal zugrunde gehen und dieses Zugrundegehen zugleich auch ihr Schöpfungsziel ist. Will man aber daran festhalten, dass der allmächtige Gott zugleich ein guter Gott ist, dann muss es einen Grund, und zwar einen guten Grund, für das Böse und das Leid geben. Aber kann es das geben? Denn wenn der Grund zu „gut" ist, also zu schnell beruhigt, dann täuscht er allzu leicht über den Tatbestand des Leidens und des Bösen hinweg.

In der Theologie hat man diesen guten Grund in der Freiheit der Menschen gefunden. Es muss kräftige Alternativen geben, zwischen denen sich Menschen entscheiden können, damit sie frei sind. Allerdings steht diese Freiheit unter dem Zwang, richtig zu entscheiden. Denn wer sich gegen das Gute und damit gegen den guten Gott entscheidet, fällt in die allerletzte Kombination von Bösem und Leid, in die Hölle zurück. Für Menschen, die sich gegen das Gute bzw. gegen Gott entscheiden, zeigt sich

Gott angeblich als der vernichtende, der katastrophale Gott. So bindet man den richtigen Gebrauch der Freiheit an einen ganz bestimmten Gehorsam, der die Freiheit einschränkt. Mit der hintergründigen Drohung, dass die Ungehorsamen vom Heil Gottes wenig gestreift werden. Ist das ein guter Ausgang?

Der sozialpolitische Kampf um die Freiheit der Menschen ist, zumindest von seiner Absicht her, ein Kampf um eine gute Freiheit, um die Freiheit gegen Unterdrückung und Ungerechtigkeit. Das Pathos dieses Freiheitsbegriffs, der bereits die Wahl des Guten beinhaltet, kann also nicht auf den Freiheitsbegriff übertragen werden, der nicht die Wahl des Guten, sondern die Wahl zwischen Gut und Böse freigibt. Das Freiheitsargument ist zudem viel zu dünn, als dass es ernsthaft zur Verteidigung Gottes aufgerufen werden könnte. Wenn es stimmen sollte, dann müsste man annehmen, dass der Himmel, wo es diese Wahlmöglichkeit zwischen Gut und Böse nicht mehr gibt, ein Ort der Unfreiheit wäre. Und wenn es im Himmel eine neue Freiheit eigener Art geben würde, wäre die Frage, warum Gott diesen Himmel nicht von vornherein geschaffen hat, in einer Schöpfung ohne Leid, ohne das Böse und ohne den Tod. Außerdem: Im Erlebensfall des Leidens reicht das Freiheitsargument nicht aus, zu sagen: Gott lässt dies alles zu, weil ihm die Freiheit des Menschen wichtig ist. Man sage das einmal einem Menschen, der akut gefoltert wird. Der Erklärungswert des Freiheitsarguments erreicht nicht das Niveau dessen, was dieses Freiheitsexperiment Gottes mit den Menschen die Menschen (und im Christentum auch Gott) kostet.

Überhaupt ist es schon für sich ein Problem, wenn die Menschen sich einbilden, Gott verteidigen zu müssen.[33] In der biblischen Klage wird Gott nicht entschuldigt, sondern beschuldigt. Gott gegenüber steht vielmehr die Doxologie (siehe unten Kap. 15) an, die betende Anerkennung der Gottheit Gottes, oft auch als dunkles Geheimnis über die Welt hinaus; und wenn es jene Klage ist, die Gott auch noch einmal in der Anklage durch den leidenden und auch den schuldigen Menschen Gott sein lässt, Gott größer sein lässt als das eigene Elend und die eigene Schuld[34] und als solchen beansprucht und zur Rechenschaft zieht. Gott lieben heißt im Alten Bund auch das: sich der Gottheit aussetzen in dem Sinn, dass ihre göttliche Macht und Qualität anerkannt wird.

Die Bibel kennt kaum unwidersprochene Ursachenerklärungen für dieses Dilemma: Zwar gibt es die Vorstellung, dass erlittenes Leid mit vergangener Schuld (eigener oder der der Vorfahren) zu tun habe, aber diese Vorstellungen werden auch immer wieder aufgelöst und widerlegt, so dass man daraus keine generelle Einsicht machen kann. In der Bibel begegnet uns vielmehr das Bild des leidenden Gerechten, also gerade des Menschen, bei dem es in jeder Hinsicht unergründlich, unerklärbar und unbegründbar ist, warum er leiden muss. Und dann bleibt nichts anderes, als Gott die Frage entgegenzuschleudern und die Anklage, dass er, der in seiner Allmacht für alles verantwortlich ist, so im Stich lässt. Die Bedingung der Klage und der Anklage Gottes ist ja gerade, dass der Mensch noch an einen guten Gott glaubt, denn sonst könnte er ihn nicht in dieser Form – dass er die Not wenden möge – ins Gebet nehmen. Im Klagegebet kommt also die Beziehung zum allmächtigen Gott, der auch noch gut ist, und zum guten Gott, der auch noch allmächtig ist, in die Krise und wird darin ausgehalten. Heute fragen sich viele allerdings, warum man denn diese Spannung noch aushalten sollte, warum man nicht einen solchen Gott, möge er existieren oder nicht, lieber verabschieden müsste. Und zwar um des Menschen willen.

Die in Psalm 22 angesprochene Frage „Mein Gott, mein Gott, warum hast du mich verlassen?", die auch Jesus am Kreuz hinausschreit (vgl. Mk 15,34), bleibt also schmerzhaft offen und kann durch keine Erklärungsmätzchen in ihrer Radikalität eingeschränkt oder gar banalisiert werden. Lässt man sich überhaupt auf keine religiöse Hoffnung ein, dann ist diese Frage gar keine Frage, weil es keinen Adressaten gibt. Das atheistische Abwürgen der Warum-Frage erscheint mir nicht viel besser als das Abwürgen dieser Frage durch scheintheologische Erklärungsversuche. Wird dort die Evolution entschuldigt, so soll hier Gott entschuldigt werden. Beides wird dem, was Menschen erleiden, nicht gerecht.

Ein Teil der Religionen reagiert auf diese Problematik derart, dass sie das Problem über das Ende der Welt hinaus verlängern, nämlich in die Spaltung zwischen Himmel und Hölle. Dadurch wird Gottes angebliches Freiheitsprojekt mit der Vernichtung bzw. mit dem ewigen Leid und der ewigen Bosheit eines je nach Religion größeren oder kleineren Teils der Menschheit verbunden. Für diese Menschengruppe wird Gott zum Satan bzw. es gibt einen Satan neben dem „guten" Gott, was in der Auswirkung auf das Gleiche hinausliefe.

2. Begrenzt gut?

Die vorfindbaren Spuren in der Schöpfung deuten auf einen zwiespältigen Gott hin, auf einen, der beides will, die Freude und das Leid, das Gute und das Böse. Die Reaktion der menschlichen Vernunft ist hier nicht von vorneherein festgelegt. Denn beides gibt es in der Schöpfung. In diesen Spuren liegt wenig Hoffnung, dass eine neue Welt, von dem gleichen Schöpfer geschaffen, sehr viel anders sein könnte. Religionen, die am Ende vom Heil aller Menschen ausgehen, bilden so etwas wie ein Gegenprojekt, weil sie auf einen Gott hoffen, der nur gut ist und Gutes will und dessen neue Welt tatsächlich ohne Böses und ohne Leid ist. Es ist ein unwahrscheinliches Projekt und muss deshalb mit viel Aufwand an Phantasie, Ästhetik, Symbolen und Kult erlebbar werden. Und oft bleiben die Religionen dabei selbst auf halbem Weg stehen, wenn sie den ungläubigen bzw. bösen Teil der Menschheit aus dem Gottesheil ausschließen (als gäbe es diese Anteile nicht auch in ihnen selbst). Natürlich muss man dann einen Gott voraussetzen, einen absichtsfähigen, also in analoger Weise personalen, denn vom Kosmos und von seiner Evolution kann nichts anderes als „stirb und werde und stirb" erwartet werden.

Die Spuren dieser Welt sind also nicht so, dass Gott aus der Erfahrung dieser Spuren als radikale Güte gedacht werden müsse. Vielmehr ist, ohne die Güte dieser Welt gänzlich zu leugnen, die andere Seite genauso deutlich zu sehen, die viele, die sie erleben, ganz anders darüber denken lassen. Weder Natur noch Vernunft können hier einlinig für einen guten Gott beansprucht werden, wo es doch so viel Ungutes, Böses und am Ende immer die Vernichtung gibt. Und man muss wohl innerhalb der Theologie die Vorstellung aufgeben, die vor allem im Verhältnis von Glaube und Vernunft vorherrschend ist, dass eine „gesunde" Vernunft und eine „gesunde" Naturbetrachtung zum Glauben führe, während dann, konsequent, eine ungesunde Vernunft dies nicht täte. Vielmehr ist auch jene Vernunft nicht als „ungesund“ abzuwerten, die angesichts der Naturkatastrophen und der Katastrophen, die sich Menschen zufügen, nicht zu diesem Glauben an einen gütigen Gott führen. Hier ist die Theodizeefrage sehr ernst zu nehmen: Wer kann einen guten Gott zur Sprache bringen, wer kann Gott verkünden, wenn diese Verkündigung so gegenläufig zu vielen Erfahrungen steht?

Das kann der Mensch nie im eigenen Namen tun, sondern nur im Namen dieses Gottes selbst und auf seine Verantwortung, also auf der spirituellen Basis der Doxologie, nämlich Gott größer sein zu lassen als die eigene Not, die eigene Größe, die eigenen Grenzen, unendlich größer sein zu lassen und dieses Größerseinlassen zugleich mit der Qualität seiner Liebe zu identifizieren.

In der Bibel begegnen uns dazu jene Texte, die den Wandel von einem Gott, der das Leiden nicht beseitigt, zu Gott, die nicht anders kann, als es zu beseitigen, auch wenn es verschuldet ist, in eindrucksvollen Passagen zeigen: wo sich Gott im eigenen Herzen umwendet und allen Zorn und alle Vernichtungsabsicht in der eigenen Liebe auflöst. Ähnliches gilt für die Theologie des Kreuzes, am deutlichsten in der Vorstellung von der Sühne Christi am Kreuz für die Sünden der Menschen, so dass es nichts mehr gibt, was Gott einen Grund liefern könnte, das Heil der Menschen, und zwar aller Menschen, in Frage zu stellen. Jedenfalls ist das Strafen nicht Gottes letztes Wort. Bei ihm gibt es ein Darüberhinaus, nämlich dass es ihm selbst leidtut. Wie sehr seine Barmherzigkeit über seinen Zorn wegen der Untreue seines Volkes siegt, zeigt ein wunderschöner Text aus dem Alten Testament, bei dem Gottesboten Hosea (11,1–9), der Gott sprechen lässt:

Als Israel jung war, liebte ich es;
aus Ägypten rief ich mein Kind heraus.
Ich habe es laufen gelehrt, nahm sie auf meine Arme.
Doch sie haben nicht erkannt, dass ich sie heilte.
Mit Menschenbanden zog ich sie, mit Stricken der Liebe.
Und ich wurde für sie wie die, die einen Säugling an ihre Wange heben.
Ich neigte mich zu ihm, gab ihm zu essen.
Mein Herz wendet sich gegen mich, mein Mitleid lodert auf.
Ich will meinen glühenden Zorn nicht vollstrecken,
will Israel nicht verderben.
Denn ich bin Gott, nicht ein Mann.
Ich komme nicht mit Schrecken.

Die Erzählungen der Bibel kann man als eine nie aufgegebene Suche nach Gottvertrauen wahrnehmen. Religiöse Menschen sehnen sich danach, dass sie Gott wichtig sind. Viel wichtiger als die Frage, ob es Gott gibt, ist die Frage, wo, in welchem Ereignis Gott zu „finden", besser zu erahnen ist: im Hass oder in der Liebe, im Leben oder in der Vernichtung? Ist es ein Gott, der grausam zuschaut, der ins Leben ruft, um es zu zerstören, sei es aus kalter Gleichgültigkeit, sei es aus heißer Lust am Leiden? Dann schon lieber das gottlose kalte Universum mit seiner diesbezüglich absichtslosen Evolution. Und wenn Gott liebt, liebt Gott dann nur ein wenig, nur unter ganz bestimmten Bedingungen, gewissermaßen wenn die Menschen brav sind?

Jedes Wenn-Dann kann die Einbruchstelle von Gewalt werden, wenn die Bedingungen und ihre Erfüllungen erzwungen sind. Wenn es ein Wenn-Dann des Glaubens für Liebe und Rettung gibt, besteht immer die Versuchung,

Menschen mit Gewalt vor der göttlichen Vernichtung zu retten, wenn Religionen die Ordnungsmacht haben bis hin zu Todesurteilen für Menschen, die konvertieren. Die Geschichte zeigt, dass Menschen das Fürchten lernen und lehren, wenn fundamentalistische Kreise auch gesellschaftliche und staatliche Macht erhalten. Theokratische Herrschaftsformen gehören nicht nur der Vergangenheit an, sondern formieren sich auch heute in der religiösen Unterdrückung kleiner und großer Gesellschafts- und Lebensbereiche. Die Symbiose zwischen Gottes- und Menschenwerk ist perfekt: dem „Allmächtigen" wird durch menschenverachtendes Menschenwerk Allmacht verschafft. Die Frage „Wer ist wie Gott?" erweist sich von daher so aktuell wie eh und je. Und hierzulande mag die Dankbarkeit dafür umso größer werden, dass es – trotz ihres geschichtlichen Schattens – eine Aufklärung und Säkularisierung gegeben hat.

3. Heil für alle

Die Bibel unterstellt Gott, er habe im Lauf der geschichtlichen Begegnung mit den Menschen immer wieder einsehen müssen (was selbstverständlich den Lernvorgang der Menschen selbst widerspiegelt), dass Gott mit Gewalt und Zwang nichts bei den Menschen erreichen kann. Wenn Gott zu Gunsten der Israeliten eingreift, ist dies auf Seiten der Ägypter als gewalttätige Zerstörung erfahrbar. Diesen bleibt Gott die Rettung noch schuldig. In der Geschichte bleibt immer ein erschreckend unabgegoltener Rest. Unter ihren Bedingungen tut eine rettende Tat Gottes gleichzeitig anderen Gewalt an. Mit beträchtlicher Vorsicht kann also davon die Rede sein, dass Liebe und Gewalt irgendwie in Gott begründet sind; dass sich Gott in dem Verhau der Geschichte aus Liebe für jemanden oder für ein Volk einsetzt und gleichzeitig einem anderen Gewalt und Unrecht antut. Am Kreuz verzichtete Gott auf diese innergeschichtliche Zwiespältigkeit seines Handelns. Am Ende der Geschichte, so hoffen wir, wird Gottes Liebe in einer anderen Weise, nämlich als für alle als nichts anderes als Liebe, „gewaltig" sein, so dass alles Böse verschwindet und eine neue Erde ohne Leid und Tod entstehen kann, in der weder Gott noch die Menschen Leid zufügen müssen, um Bedrängte zu retten.

Im leidenden Gottesknecht bzw. in Jesus am Kreuz verzichtet Gott im Diesseits auf jede Art von zwingender Herrschaft, um so den Menschen etwas zu schenken, was sie zwischenmenschlich in dieser unerschöpflichen Voraussetzungslosigkeit kaum erfahren können. Und auch von Gott her gilt: In den Bedingtheiten der Welt ist diese unendliche Bedingungslosigkeit nicht als solche erfahrbar. Unendliches bleibt im Jenseits des Endlichen. Es gibt nur einen Weg dorthin, und das ist der Tod, das schärfste Ereignis der gewalttätigen Verneinung von Leben und Hoffnung. Denn erst durch ihn hindurch ist es den Menschen geschenkt, die unendliche Unbedingtheit der Liebe Gottes unmittelbar und ungehindert zu schauen. So stemmt sich der Glaube bereits im Diesseits gegen die Endgültigkeit dieser Grenze im Ereignis eines Geliebtseins, das zumindest ansatzhaft keine Grenzen spürt.

Die biblischen Texte kommen, wie menschliches Leben und Begegnen überhaupt, ohne Wenn-Dann-Vorstellungen nicht aus. Aber sie werden überholt von anderen Texten, in denen sich das „Immer Mehr", die immer größere

Liebe Gottes, zeigt, die alle Bedingungen unter- und überschreitet. Es sind Geschichten, in denen Gott seine Liebe niemals, jedenfalls niemals endgültig, zurückzieht. Gott bleibt beweglich in der Treue des Übergangs vom Zorn zur Barmherzigkeit.[35] Selbst wenn Israel abfällt, lässt Gott sein Volk nicht im Stich. Gott will die Umkehr, aber letztlich ist die Umkehr nicht die Bedingung seiner Liebe, sondern die nicht zurückgezogene Liebe ermöglicht die Umkehr. So gilt die Gnadenformel: „YHWH ist ein Gott, barmherzig und gnädig, langsam zum Zorn, reich an Güte und Zuverlässigkeit, bewahrend die Güte für Tausende, tragend Schuld und Frevel und Sünde …" (Ex 34,6–7). So wandelt sich das Wenn-Dann in der Gottesvorstellung in ein Ohne-Wenn-und-Aber.

4. Heiligkeit als Entgrenzung

1. Beschmutzte Heiligkeit

Wo in einer Religion die inhaltliche Abgrenzung gegenüber anderen Religionen gerade darin liegt, dass das Heil gegenüber allen, auch den ganz anderen Menschen und Religionen, zu entgrenzen ist, sind das Leid und das Böse mit dem „guten" Gott selbst, nämlich im Sinne der universalen, also alles umfassenden Unendlichkeit der Gottesvorstellung (einschließlich seiner Eigenschaften), auszuhandeln. Genau dies ist die biblische Spur. Wo Gott dagegen keinen Kontakt zu dem Schlimmen, was Menschen begegnet und sie einander zufügen, wo Gott keine gute Beziehung zu den Nichtglaubenden haben darf, sind beide auch von seinem Heil fernzuhalten. Wo das Schmutzige derart von Gott ausgeschlossen wird, muss es auch zwischenmenschlich ausgeschlossen werden. Wo Gott sauber gehalten wird, muss auch die eigene Religion rein gehalten werden. Mit immer wieder zerstörerischen Folgen für die Nichtdazugehörigen, verbunden mit dem guten Gewissen, Gottes Willen zu tun. Wobei es nochmals eine eigene Frage ist, worauf sich die Reinheitsvorstellung in den Religionen in besonderer Weise bezieht; im Katholizismus war und ist es oft genug vor allem die Sexualität im Horizont der Kultreinheit.

Joachim Kügler hat die jüdische und christliche Alternative zur Abtrennungsheiligkeit herausgestellt: „So realisiert sich die königliche Heiligkeit Gottes bei Jesus im Staub der galiläischen Landstraße."[36] Der Gottesdienst Jesu beinhaltet das heilsame Berühren der Kranken, die Gemeinschaft mit Menschen, „von denen er sich eigentlich hätte absondern müssen“[37]. Jesu Handeln ist also norm- und kultsprengend um einer möglichst wirksamen Solidarität mit den Menschen willen, verbunden mit den Konflikten, die man sich dabei einhandelt mit denen, die ein ausgrenzendes Heiligkeitskonzept vertreten. Bei Jesus begibt sich die Heiligkeit seiner Identität und Sendung in die Alltagswelt der Menschen hinein und erweitert dort so weit wie möglich die Räume der Gnade, der Barmherzigkeit, der Gerechtigkeit und der Freiheit.

Jesu Profil besteht darin, dass er die Grenzen zu den Ausgeschlossenen und den Sündern und Sünderinnen überschreitet und ihnen Heilung bzw. Versöhnung bringt. Indem er ein solches Handeln mit dem Glauben an Gott verbindet, grenzt er diesen Glauben *praktisch* von all jenen Glaubensformen ab, die den Gottesbegriff zur Legitimation von Ausgrenzung und Zerstörung der anderen gebrauchen. In dieser Hinsicht gibt es für ihn keine Kompromisse, bis hin zum Kreuz. Jesus stirbt nicht am Kreuz, weil er an Gott glaubt – das tun seine Gegner auch –, sondern weil er diesen Glauben mit einer ganz bestimmten, ganz anderen Praxis verbindet, bis hin zu seiner Vergebungsbitte für die Gegner und Täter, also ohne selbst diese auszugrenzen. Die Schärfe der paulinischen Rechtfertigungstheologie liegt ja darin, dass Gott auch für die anderen gestorben ist, auch für die aus unserer Perspektive Gottlosen.

Heiligkeit ist der gesamte Vorgang, in dem sich das Erlösende mit dem Unerlösten berührt. Das innerste Prinzip dieser Heiligkeit ist nicht die Ausgrenzung, sondern die Überbrückung und Verbindung zwischen ausgrenzendem und ausgegrenztem Bereich. Das Heilige ist also in diesem Sinn nicht mit dem Sakralen identisch, welches das Profane entweder ausgrenzt oder in sich auflöst, sondern stellt das Profane selbst in den Raum Gottes, in dem es profan bleibt.[38]

Dies gilt übrigens nicht nur für den Alltag, sondern auch für die Liturgie: Gerade aus gnadentheologischen Gründen sind die Sakramente jener Ort, wo im Symbolhandeln Gottes unbedingte Liebe in bestimmten Situationen in besonderer Weise erfahrbar ist. Sakramente also nicht nur für den inneren Kern der Kirche gedacht sind, sondern auch für ihre Außenbeziehung. Denn sie eröffnen für die Ausgegrenzten und Ausgrenzbaren Zugänge, die an sie keine anderen Zugangsbedingungen stellt als nur solche, die das Zustandekommen der sakramentalen Symbolhandlung selber ausmachen.[39]

So kann und darf das Grundsakrament der Taufe niemandem verweigert werden.[40] Denn die Taufe verbindet die Geburt in dieses Leben mit der Geburt in die Liebe Gottes hinein. Und wie die Geburt das Leben umsonst, also ohne Vorleistungen, schenkt, so schenkt auch die Taufe Gottes Liebe ohne Vorleistung und unverdient, also umsonst.

2. Gottes Herunterkommen

Die unglaublichste Entgrenzung Gottes in die Welt und der Welt in Gott hinein geschieht aus christlicher Perspektive in der Menschwerdung Gottes in Jesus Christus. Für mich persönlich, für meinen Glauben und meine Theologie, wird immer mehr klar: Genau das, was Judentum und Islam niemals akzeptieren können, nämlich dass Gott

Mensch wird, ist angesichts dieser so leidvollen und gewaltvollen Welt überhaupt noch die einzige Möglichkeit, an einen Gott zu glauben, ihm zu vertrauen und ihm überhaupt ein Wort abzunehmen. Wenn Gott uns schon keine Antworten gibt, dann doch wenigstens jene Solidarität, die Gott auch die Erfahrung leidvoller Leiblichkeit und des Todes selbst zufügt. Ein Gott, der über dem Sternenzelt bliebe, hätte alle Glaubwürdigkeit verloren und könnte mir gestohlen bleiben, mag es ihn geben oder nicht.

Gott hat sich in Christus selber in die Pflicht genommen, uns auf dem Niveau unseres Leidens, auch des Bösen zu begegnen. Gott begegnet uns nicht von oben nach unten. Gott ist nicht nur in seiner unerschöpflichen Geheimnishaftigkeit, sondern auch in seiner menschgewordenen Selbsthingabe unendlich unübertreffbar. Der radikalste Beweis seiner Liebe ist also die Menschwerdung Gottes in Jesus von Nazareth. Hier steht Gott mit seinem Leben und mit seinem eigenen Leib für eine solche Barmherzigkeit ein. In seiner Verkündigung ist es ihm wichtig, dass Gott den Menschen zugewandt ist. Obgleich Jesus die Absicht hat, dass alle das Reich Gottes annehmen und gerettet werden, muss er das Scheitern dieser Verkündigung erleben. Am Kreuz hält die Welt den Atem an: Wird nun Gott die Welt, da sie seine Barmherzigkeit nicht angenommen hat, endgültig in den Abgrund stürzen lassen, oder ist seine Barmherzigkeit so groß, dass sie auch diesen Abgrund des menschlichen Neins zu Gott überwindet? Hierin liegt die Heilsbedeutung des Kreuzes, denn vom Kreuz her betet Jesus zum Vater, dass er den Gegnern vergeben möge.

Hier begegnet ein Mensch, der gegenüber der Gewalt keine Gegengewalt setzt und ihr, in einer bestimmten Situation, auch nicht mehr entflieht, sondern sich ihr stellt und standhält. Der Gewalt wird etwas tatsächlich ganz anderes entgegengesetzt: der eigene schutzlose Leib, an dem sie sich austobt; aber damit nicht genug: Die Gewalt wird nicht nur erlitten, sondern als unerschöpflich verstärkte Liebe zurückgegeben: [41] „Sie kamen zur Schädelhöhe; dort kreuzigten sie ihn und die Verbrecher, den einen rechts von ihm, den anderen links. Jesus aber betete: ‚Vater, vergib ihnen, denn sie wissen nicht, was sie tun'" (Lk 23,33–34). „Als der Hauptmann, der Jesus gegenüberstand, ihn auf diese Weise sterben sah, sagte er: Wahrhaftig, dieser Mensch war Gottes Sohn" (Mk 15,39).

Der Kreuzestod Jesu ist nicht nur die Folge eines solidarischen Lebens, sondern offenbart die Unerschöpflichkeit göttlicher Gnade. Denn vom Kreuz her ist das Reich Gottes nicht nur, wie im bisherigen Leben Jesu, denen geschenkt, die das Reich Gottes annehmen, sondern auch denen, die es ablehnen. Im Scheitern scheitert das Erlösungswerk gerade nicht, sondern offenbart darin erst den unendlichen Horizont der unbedingten Liebe Gottes auch denen gegenüber, die ihn zum Scheitern bringen: den Tätern, den Sündern und Sünderinnen – und das sind immer wieder die Gläubigen selbst. „Das ... Handeln Gottes erweist sich vielmehr gerade im Tode seines Repräsentanten als wirksames Geschehen, in dem Gott den Tod seines ... Boten zum Akt der Sühne werden ließ."[42]

3. Am Kreuz: für alle!

Gott macht sich in Jesus Christus selber am Kreuz zum Leiden und auch zur Sünde: „Er hat den, der keine Sünde kannte, für uns zur Sünde gemacht, damit wir in ihm

Gerechtigkeit Gottes würden“ (2 Kor 5,21). Dichter kann man die Entgrenzung zum Sündigen bezüglich eines menschgewordenen Gottes, der selbst ohne Sünde bleibt, nicht mehr denken. Denn dies ist kein Schmierentheater, weil Jesus tatsächlich als der schlimmste Sünder behandelt wird, am Karfreitag im physischen Tod, am Karsamstag im ewigen Tod der Hölle. In Jesus Christus begegnet Gott eben von unten, in der ewig entgrenzenden Verausgabung für die Menschen im Leben und im Sterben. Insofern ist Gott heilig mit und für uns: Emmanuel, Gott mit uns.

Jesus leidet am Kreuz für die Menschen, was sie an Reueschmerz und Sühne leiden müssten, und öffnet damit endgültig die Schleusen unendlicher Barmherzigkeit. Vielleicht kann man sogar sagen: Jesus wird am Kreuz zur Sühne für Gott selbst, weil es ihn reut, weil es ihm leidtut, all das Leid und all das Böse zugelassen haben.[43] Jedenfalls hat Jesus den sinnlosen Schmerz außerhalb der Liebe, also die Hölle, an- und damit den Menschen abgenommen und genau dadurch ermöglicht, aus dieser Liebe heraus den Schmerz für leidbringende Taten zu empfinden und so – im Diesseits wie im Jenseits – für Gottes neue Welt geöffnet zu werden: leidsensibel und barmherzigkeitsfähig.

Am Kreuz wird offenbar: Gott hält sich in Christus nicht aus unserem Leben heraus, sondern begleitet uns hautnah in unserer Freude und in unserem Leid. Nach Röm 8,26, worin der Geist Gottes mit seiner Schöpfung mitschmerzt und denen eine Stimme in Gott gibt, die nicht mehr beten können, spürt Gott in sich selbst den Schmerz der Kranken, die Hoffnungslosigkeit der Erniedrigten und das Leid derer, die um der Liebe und der

Gerechtigkeit willen bedrängt und zerstört werden. So gewinnen die Menschen Hoffnung daraus, dass Gott sie jetzt bereits begleitet und, wie er am Kreuz diesen Weg selber bis ans Ende ausgehalten hat, auch ihren Weg mitaushält und mitträgt. Denn genau das macht Gottes Glaubwürdigkeit aus: Gott wird am Ende seine für alle letztlich rettende Gewalt zugunsten der Gerechtigkeit und Barmherzigkeit einsetzen, *weil* Gott sich jetzt bereits nicht aus der Notwendigkeit von Barmherzigkeit und Gerechtigkeit heraushält. Das ist der tiefste Beweis der Liebe, dass sich Gottes Göttlichkeit auch in einer unendlichen Fähigkeit zeigt, uns im Leben, in der Freude, im Leiden und im Tod zuinnerst nahe zu sein. So zeigt Gott seine Liebe zu der Welt, wie sie ist, und zeigt sie, wie man sie intensiver nicht zeigen kann. Zum anderen aber zeigt Gott auch gerade darin, wie die Menschen in dieser noch unerlösten Geschichte aus dieser Liebe heraus leben können.

Diese Perspektive eröffnet sich bereits im Gottesknechtslied: „Er wurde verachtet und von den Menschen gemieden, ein Mann voller Schmerzen, mit Krankheit vertraut. Wie einer, vor dem man das Gesicht verhüllt, weil er verachtet ist; wir schätzten ihn nicht. Aber er hat unsere Krankheit getragen, unsere Schmerzen auf sich geladen. Wir meinten, er sei von Gott geschlagen, von ihm getroffen und gebeugt. Doch er wurde durchbohrt wegen unserer Verbrechen, wegen unserer Sünden zermalmt … Er wurde misshandelt und niedergedrückt, aber er tat seinen Mund nicht auf … Obwohl er kein Unrecht getan hat und kein trügerisches Wort in seinem Mund war. Doch der Herr fand Gefallen an seinem zerschlagenen Knecht, er rettete den, der sein Leben als Sühneopfer hingab“ (Jes 53,3–10). Schon früh entdeckt die Verkündigung der jungen Kirche, dass der Jesajatext das Jesusgeschehen in seiner Bedeutung erschließt.

Der „Gottesknecht" leidet in Stellvertretung für die anderen, damit sie diese Gewalt nicht erleiden müssen. Für die sündigen Menschen, auch für die schlimmsten, wird diese Gewalt erlitten. Beim Gottessohn kommt dies darin zum Ausdruck, dass er darauf verzichtet, die himmlischen Heerscharen herbeizurufen und mit ihnen die Gewalttäter der Schädigung und dem Tod auszusetzen (vgl. Joh 18,11 und 36). Vom Kreuz aus sorgt er sich, dass auch den Schuldigen keine Gewalt angetan wird, auch von Gott nicht. Gott liebt nicht nur die Guten, sondern auch die Bösen, nicht nur die Opfer, sondern auch die Täter, nicht nur die Unschuldigen, sondern auch die Verbrecher.

Wie das Zur-Sünde-gemacht-Werden zur innersten Identität Jesu gehört, so gehört – in unvergleichlichem Vergleich dazu – auch die Sündigkeit der Kirche zu den Merkmalen der Kirche, bei Jesus in Stellvertretung und in der Kirche in der unverschleierten Wahrnehmung der eigenen sündigen Wirklichkeit. Die Spannung von Anspruch und Wirklichkeit wahrzunehmen ist die Bedingung dafür, die Wirklichkeit selbst wahrzunehmen.

Von daher erschließt sich auch der Satz des 1999 gestorbenen Neutestamentlers Helmut Merklein: „Wir können keine heile, wohl aber eine heilige Welt gestalten" (Studien, Vorwort VIII). Auch im Unheil seiner tödlichen Krebserkrankung wusste er sich in der Heiligkeit, in der Nähe Gottes. Auch wenn wir keine heile Welt gestalten können, bleibt sie doch immer eine heilige, das heißt: eine, die in jeder Situation, auch in der letzten Ohnmacht, auch in der Sünde, mit Gott in Verbindung bleibt. Nichts fällt aus dieser in ihrer Gnade unendlichen Beziehung

Gottes heraus. Denn geheiligt sein heißt, vom lebendigen Gott her niemals aus seiner Hand herausfallen können, auch nicht und gerade nicht im Unheil, auch nicht und gerade nicht in der Sünde und im Bösen, schon gar nicht an der totalen Handlungsgrenze, im Tod, und auch nicht im allerletzten Gericht.

5. Gnade als Rechtstitel

1. Luthers befreiende Entdeckung

Der Apostel Paulus ist der Urheber der Rechtfertigungstheologie. Darin versucht er dem Glauben auf seinen tiefsten Grund zu kommen, sein tiefstes Geheimnis ins Wort zu bringen. Für Martin Luther lag darin *die* Entdeckung seines Glaubens und seines Lebens. Wie kaum ein anderer entdeckte er in den Texten des Paulus jene Freiheit, die sein Herz begehrt. Denn Christen und Christinnen können die Frage nach der Freiheit des Glaubens als Freiheit von Zwang nicht von der Frage nach Gott ablösen. In ihm eröffnet sie sich erst in all ihrer Tiefe und Faszination. Warum konnte Luther, nachdem er diese Erfahrung und Einsicht gewonnen hatte, danach nie mehr aufhören, von ihnen her die ganze Theologie und die christliche wie auch kirchliche Praxis zu entwickeln?

Der junge Luther hatte in vieler Hinsicht den Glauben als eine Wirklichkeit erlebt, die fordert und Lasten auferlegt. Für seine persönliche Frömmigkeit war es gerade diese Seite der Glaubens, die er nicht nur erlebt, sondern in sich bestätigt und verschärft hatte. Gegen sein Sündenbewusstsein kämpfte er durch häufige Beichten und Bußwerke an, als wollte er Gottes Liebe durch seine Glaubensleistungen erwerben und erzwingen. Aber je mehr er derart mit Gott umging, je mehr er sich abforderte, desto deutlicher wurde ihm auch, dass dies alles nicht gelingen konnte.

Gibt es einen Ausweg aus diesem Dilemma? Das Problem ist: Dreht sich diese Spirale immer weiter nach unten, bleibt am Schluss nur noch der zwanghaft-paranoide Wahnsinn, oder aber man muss sich der Magie ergeben, indem man daraus ein Spiel macht, nämlich diese Wenn-Dann-Beziehung zu Gott so in die Hand zu nehmen, dass man damit Gott selber austrickst: Wenn ich das und das tue, dann kann Gott gar nicht anders, als so und so mit mir zu verfahren. Unterdrückte haben oft keinen anderen Ausweg, als die Unterdrücker raffinierterweise selbst zum Instrument ihrer Wünsche zu machen. Mit jedem Wenn-Dann, das ein Gott dem Menschen auferlegt, gewinnt dieser seinerseits Zugriff über Gott selbst: Wenn ich zum Gottesdienst gehe, dann muss mir Gott wohlgefällig sein. Ein solches Verhalten Gott gegenüber nennt Paulus Hybris und Selbstruhm des Menschen gegenüber Gott, zwar mit dem schönen Gefühl des Menschen, Gott gegenüber eine Leistung zu erbringen, aber im Sinne eines Verrechnungszusammenhanges und nicht einer lebendigen Beziehung der Freundschaft und Liebe.

Luther konnte noch rechtzeitig aus dieser letztlich alles zerstörenden Dynamik aussteigen. Es kam zur Wende. Beim Studium der Paulusbriefe fiel es wie Schuppen von seinen Augen: Man kann sich die Liebe Gottes nicht verdienen, und man braucht dies auch gar nicht, weil sie längst durch Jesus Christus „verdient“ ist. Luther entdeckte auf schmerzlichem Weg und darum umso erlösender etwas, was leicht vergessen werden kann und was uns alle angeht. Er erfuhr die beglückende Einsicht: Nichts, gar nichts muss ich tun, damit Gott mich liebt. Er liebt mich unbedingt, ohne Bedingungen, und zwar als Sünder, noch bevor ich mich verändert habe. Nicht ein Wenn-Dann, sondern ein Ohne-Wenn-und-Aber bestimmt diese Beziehung. Was für eine Befreiung: Gott ist nicht eine Belastung, sondern eine Entlastung im Leben, Gott fordert nicht erst, sondern schenkt. Seine Gnade ist voraussetzungslos. Und darin liebt Gott das Gegenteil seiner selbst, nämlich die sündigen Menschen. Denn diese Anerkennung und Liebe umfasst die Menschen nicht ausschließlich, sondern einschließlich ihrer dunklen Schattenseiten. Denn was nicht angenommen ist, ist auch nicht erlöst.

2. Bedingungslos geliebt

Gnade ist ein ziemlich missverständliches Wort. Kommt es doch aus der feudalen Welt, wo der König Gnade *vor* Recht ergehen lässt. Ein Verurteilter müsste eigentlich von Rechts wegen bestraft werden. Der König aber setzt die Strafe aus und begnadigt ihn. Allerdings kann der König auch Ungnade vor Recht ergehen lassen. Dies macht deutlich, wie sehr die Gnade in diesem Zusammenhang ein Willkürakt des Herrschers ist. Dieses Missverständnis kann sich aber nicht einstellen, wenn man den Gedanken des Apostels Paulus genauer nachgeht. Denn er formuliert diese Gnade weniger im Bereich der Barmherzigkeit Gottes als im Bereich seiner Gerechtigkeit. Es ist nicht so, als ob Gott eigentlich gerecht wäre und bestrafen müsste, aber dann doch mit seiner Barmherzigkeit Kompromisse eingeht und Gnade walten lässt. Vielmehr ist die Gnade selbst ein Vollzug seiner Gerechtigkeit, also kein Willkür-, sondern ein Rechtsakt. Die Gnade ist nicht die Ausnahme, sondern die Regel, von der es keine Ausnahmen gibt.

So kann Paulus sagen: Gott rechtfertigt die Menschen *als* Sünder und Sünderinnen, er spricht sie gerecht, obwohl sie unrecht tun. Luther bringt dies auf die faszinierende

Formel: simul iustus et peccator, gerechtfertigt und Sünder zugleich! Übertragen auf die Gerichtswelt würde dies bedeuten: Da wird jemand verurteilt und nicht etwa begnadigt, sondern im Urteil selber und gleichzeitig damit gerecht gesprochen. Nicht weil er es selber wäre, sondern weil Gott ihn gerecht spricht. Hier ergeht nicht Gnade vor Recht, sondern göttliches vor menschlichem Recht. Mag es gängige Erfahrung sein, dass Menschen lästern, urteilen und verurteilen und dann im Stich lassen, so wird Christus zwar auch urteilen und verurteilen, aber nie lästern und nie im Stich lassen, sondern in der Verurteilung zugleich den rettenden Freispruch und damit seine rettende Liebe schenken, ja Urteil und Verurteilung gibt es nur auf dem Meer der Gnade.

Die Menschen sind mit ihrer sündigen Seite gerecht gesprochen. *Als* Sünder und Sünderinnen haben sie ein Lebens- und Überlebensrecht, und Gott wird die Sünde der Menschen nie zum Anlass nehmen, ihr Leben zu schädigen oder zu beseitigen. Die Sintflut kann nicht mehr geschehen. Der Bogen des Neuen Bundes (vgl. Gen 9,13) läuft nicht mehr über das Gericht der Vernichtung, sondern über Gericht und Freisprechung, über die Rechtfertigung des Lebensrechtes der Welt und der Menschen. So wurde schon Kain von Gott gezeichnet, weil er ihn in seinen Lebensschutz aufnahm: Wer Kain tötet, wird es mit Gott zu tun haben (vgl. Gen 4,15). Der Verfluchte bleibt von Gott geliebt und gerettet.

Mit dem Gerichtsakt der Rechtfertigung von Gott her wird herausgestellt: Gottes Liebe uns gegenüber ist keine Herablassung. Vielmehr setzt er sein Geschöpf ins Recht, auch sich selbst gegenüber. Die Menschen haben ein Recht auf seine Liebe, haben ein Recht auf Leben, ein Recht auf Überleben, auch über den Tod hinaus auf die neue Schöpfung. Nicht weil sie sich dieses Recht genommen hätten, sondern weil Gott es ihnen zugesprochen hat. Hier geschieht so etwas wie eine nachträgliche Wurzelheilung, wie ein „Ausgleich“ für die zum Teil böse und ungerechte Schöpfung, in der die Menschen leben müssen, für die schlimmen Verhältnisse der Gewalt und des Todes. Denn es gibt nicht nur den ersten Schöpfungsbericht, in dem „alles sehr gut war“ (vgl. Gen 1), sondern auch den zweiten, in dem das Gute zerbricht (vgl. Gen 2–3). Wenn die Menschen darin sündig werden, ist dies nicht allein ihre Schuld. Ja sie bekommen sogar das Recht, Gott selbst diesbezüglich anzufragen und im Leid anzuklagen. Denn niemals mehr können Sünde oder Aufbegehren zur Rechtfertigung dafür dienen, den Menschen Leid oder gar den Tod zuzufügen. In der Rechtfertigung schenkt Gott den Menschen ein Recht auf Leben und Überleben, auch auf ein Leben in der neuen Schöpfung.

Um das Ganze nicht misszuverstehen: Wenn Gott rechtfertigt, dann rechtfertigt Gott nicht die Sünde, Gott heißt nicht das Böse gut, vielmehr hasst Gott alles, was Zerstörung und Tod um sich verbreitet. Gerade deshalb will Gott aber auch die Zerstörung und die Vernichtung der Sünder und Sünderinnen nicht. Und Gott weiß: Auf Dauer ist dagegen kein anderes „Kraut“ gewachsen als die niemals zurückgezogene Liebe. Die Strafe verschärft immer nur das Problem, sowohl des Leidens und des Todes wie auch der darin gesteigerten Unmöglichkeit der Menschen, sich für die Liebe zu öffnen. Luther weiß: Gott spricht schuldig und deckt die Sünde der Menschen auf. Die schlimmen Taten werden nicht verharmlost.

So erkennt Luther: Sünder sind wir alle, das ist wahr. Aber dieser Schuldspruch wird nicht zum Straf- oder gar Todesurteil. Und genau das gibt die Möglichkeit, sich vor Gott und voreinander nicht verstecken zu müssen. Dahinter steht kein pessimistisches, sondern ein realistisches Menschenbild. Wer das furchtbare Elend sieht, das sich Menschen antun, in Vergangenheit und Gegenwart, kann nicht mehr davon sprechen, dass die Menschen doch eigentlich nicht so schlimm seien. Sie sind schlimm genug und können überall schlimm werden, wenn sich die Verhältnisse entsprechend verändern und die politische Lizenz ausgegeben wird, Menschen oder ganze Menschengruppen zu schädigen oder zu vernichten.

Vor Gott brauchen die Menschen nichts vorzuspielen, nichts unter den Tisch zu kehren. Gott kennt sie, aber nicht nur verurteilend, sondern auch freisprechend. Vor Gott brauchen die Menschen nichts zu verbergen, denn nichts wendet er gegen sie. Wo verdrängt werden muss, wachsen unter der Decke umso größere Aggressionen heran, die dann in bestimmten kritischen Augenblicken umso unkontrollierter und zerstörerischer hervorbrechen. Wer die eigenen dunklen Seiten bei sich nicht wahrhaben will, muss sie in die anderen hineinverlegen und dort attackieren. Wer groß dastehen will, muss die anderen klein machen. Wer die eigenen Schwächen verheimlichen muss, muss dies meist auf Kosten der anderen tun und tut dies mit entsprechenden Selbstrechtfertigungen. Und so steigert man sich in die Hölle der Selbstrechtfertigungen hinein, immer auf Kosten derer, denen dabei Recht entzogen wird. Selbstrechtfertigung und Entsolidarisierung sind die zwei Seiten der gleichen Medaille.

Wenn es eine Hoffnung auf Veränderung des Menschen gibt, dann nicht über die Vollzüge der Bestrafung, sondern ganz andersherum: zuerst die Gnade, dann die Verantwortung; zuerst wird das Leben geschenkt, dann kommt die Gestaltung; zuerst erfahren die Menschen Gnade in Freundschaft und Liebe, dann folgt daraus die Aufgabe, die Beziehungen in Zuverlässigkeit und Treue zu gestalten. Solche Erfahrungen kann man nicht herstellen, sie sind eine Gabe des Lebens.

So schenkt Gott zuerst seine Gnade, um den Menschen von dieser Vor-Gabe her die Möglichkeit und die Kraft zu geben, die damit verbundenen Aufgaben anzugehen. Ohne solchen Zuspruch würde der Anspruch zur Überforderung. Im Glauben kommt nun alles darauf an, dass die Menschen Gott diese Gnade ihnen selbst gegenüber annehmen, ihrer „inne"werden und mit dem Herzen auf sich beziehen. Letzteres geschieht schon, wenn gestresste Eltern oder ErzieherInnen den Kindern gedroht haben, dass Gott sie bestrafen werde, wenn sie jetzt nicht gehorchten. Gott ist kein Erziehungsmittel, sondern Beziehungswirklichkeit außerhalb von Strafe und Drohung.[44] Auch die Kirchen sind keine Besserungsanstalten, um der Gnade teilhaftig zu werden, sondern „Gnadenanstalten", um besser werden zu können, und sie bleiben es auch dann, wenn man im Besserwerden scheitert.

6. Wozu dann noch glauben?

1. Erleben der Liebe

Wenn Gott die Menschen als Sünder und Sünderinnen in Anerkennung und Liebe aufnimmt, als Gottlose, Nichtgläubige liebt, kann das dann nicht auf Seiten der Menschen zu der großen Versuchung führen: Ich kann ja tun und lassen, was ich will? Denn niemand kann jemals aus der Liebe Gottes herausfallen. In der Tat: Wer so spricht, hat die Liebe Gottes durchaus verstanden, aber hat sich noch nicht in sie hineinbegeben, sonst könnte so etwas nicht über seine Lippen kommen. Dieser Mensch steht noch außerhalb, benutzt die Liebe Gottes als Waffe gegen ihn, anstatt aus ihr heraus zu leben. Gott kann nichts dagegen tun. Dies zeigt eindrucksvoll die Geschichte Jesu über den barmherzigen Vater und den verlorenen Sohn (vgl. Lk 15,11–32.). Der Vater lässt den Sohn ziehen. Aber seine Liebe bleibt und geht mit ihm. Sie wartet auf seine Rückkehr. Und eigentlich dürfte man auch hier nicht nur vom barmherzigen Vater sprechen, sondern von dem, der dem weggehenden Sohn sein Recht erhält und sichert: sein Recht auf Heimkehr, sein Recht auf ein Leben zu Hause, sein Recht auf Rettung beim Vater, auf seine Anerkennung und Geborgenheit.

Aus Gottes Wesen heraus gibt es nur einen Weg, die Menschen zu bekehren und zu retten, nämlich den einer buchstäblich unendlichen Ausdauer in Liebe. Dies war selbstverständlich schon immer so. Doch auch die biblische und christliche Menschheit hat Jahrhunderte gebraucht, um diese Offenbarung von Gott anzunehmen. Immer wieder ist sie in den Fehler hineinverfallen, Gott mit den eigenen Wenn-Dann-Vorstellungen und Strafverhängungen zu verdunkeln. Dies führte in einen Teufelskreis, in dem man sich gegenseitig unter Druck setzt: Wenn ich weniger sündig bin, wenn ich zur Kirche gehe, dann liebt mich Gott mehr als die anderen.

Dass Gott alle Menschen liebt, *bevor* sie davon wissen und diese Liebe auf ihr Leben beziehen, das ist eines. Ein anderes aber ist es, diese Beziehung tatsächlich zu erleben, in den Symbolen der Kirche auf sich selber zu beziehen und von dieser Bereicherung her das eigene Leben bereichern zu lassen. Im Glauben an Gottes rechtfertigende Gnade erleben die Menschen diese bereits jetzt als Kraft, die das Leben trägt und der Hoffnung Gestalt gibt. Denn wenn auch alle Menschen in die rechtfertigende Liebe Gottes aufgenommen sind, so dürfen Christen und Christinnen dennoch die besondere Erwählung auf sich beziehen, dass sie in Christus von diesem Gott *wissen*, ihn *benennen* und *ansprechen* dürfen. Auch dass sie von einem solchen Glauben vor den Menschen Rechenschaft ablegen, gegen alle anderen Glaubenspraktiken in und außerhalb der Kirchen, in denen die Menschen unterdrückt, verkleinert und in die Zwangsjacke gesteckt werden. Zur Liebe Gottes erwählt sind alle Menschen, aber bei weitem nicht alle sind in ihren Lebenszusammenhängen dazu erwählt, davon im Glauben zu wissen, von daher ihr Leben gestalten zu können und entsprechend Zeugnis abzulegen.

Wie es schon zwischen den Menschen erfahrbar ist, wenn sie in Freundschaft und Liebe einander zugetan sind und zueinander sagen: Für dich tue ich alles, wenn sie also füreinander Verantwortung übernehmen, wie Eltern für ihre Kinder fast alles tun würden, nicht weil es von außen gefordert wäre, sondern weil diese Verantwortung aus der Liebe und Freundschaft herauswächst, so ist auch ein Leben nach Gottes Geboten aus Gottes unerschöpflicher Liebe heraus geschenkt.

Viele Menschen kennen das nicht herstellbare Geschenk, geliebt zu werden, aus Erfahrung: wie das Leben dadurch einen neuen Schwung bekommt, eine eigene zusätzliche Dynamik. So darf auch Gottes Liebe als Gratisbeigabe zum Leben erlebt werden. Viele erleben solche Liebe in der Liebe der Menschen, und auch darin ereignet sich jene Liebe, die Gott ist. Denn „Gottes Liebe" ist kein Begrenzungsbegriff, als wäre nur Gott die Liebe, sondern es gilt auch umgekehrt: Alle Liebe ist Gott. Gottes Liebe ist allerdings unabhängig von der Menschenliebe geschenkt, unendlich gilt sie auch den wenig Geliebten, den Ungeliebten und den von Lieblosigkeit und Hass Verfolgten.

Die Rechtfertigung des Menschen durch Gott gibt auch einen Vorschein auf das künftige Gericht. Gottes Liebe und Versöhnung werden dann für alle offenbar. Darin kann alles aufgedeckt werden. Nichts wird unter den Tisch fallen, das Gute nicht und nicht das Böse. Und alle werden angesichts der von ihnen Geschädigten zur Rechenschaft gezogen werden. Aber auch hier erfolgt in der Verurteilung die Versöhnung und Rettung. Aber nicht billig, nicht unterhalb des Niveaus des Erlittenen. Der Reueschmerz der Übeltäter und Übeltäterinnen wird dem Schmerz entsprechen, den sie zugefügt haben. Aber aus Liebe, nicht aus Strafe; weil es zutiefst leidtut.

2. Gericht als Gnade zur Versöhnung

Gottes Liebe ist nicht läppisch, als könnte alles von ihr *unterschiedslos* umfangen werden. Umfangen ist alles von ihr, aber so, dass sie schärfste Widersprüche anmeldet – zwischen Gut und Böse, zwischen Opfern und Tätern, zwischen Tod und Leben. Um der Liebe willen gibt es keine Kompromisse mit der Lieblosigkeit, mit der Unterdrückung und Zerstörung von Menschen. Wenn es eine neue Welt ohne das Böse und ohne das Leid gibt, dann müssen die Todesmächte der gegenwärtigen Welt gestoppt werden, aber nicht einfach, als wäre nichts geschehen, sondern so, dass alles Leid und alle Zerstörung, alles Böse und alles Gewalttätige dieser Weltgeschichte dem Vergessen entrungen und in denen aufgesucht wird, die Entsprechendes erlitten bzw. getan haben.

Benedikt XVI. hat in seiner Enzyklika „Spe salvi" (Verlautbarungen des Apostolischen Stuhls Nr. 179, von 2007) unmissverständlich deutlich gemacht, dass sich die Möglichkeit der Hölle eben nicht auf Glaube oder Unglaube bezieht, sondern auf den Gegensatz von Gut und Böse. Er spricht von „Menschen, die dem Hass gelebt und die Liebe in sich zertreten haben … Nichts mehr wäre zu heilen an solchen Menschen, die Zerstörung des Guten unwiderruflich: Das ist es, was mit dem Wort *Hölle* bezeichnet wird" (Nr. 45). Die Reaktion des kommenden Richters auf die Menschen wird also nicht festgemacht am Glauben, sondern an dem, was auch Mt 25 verdeutlicht, nämlich wie solidarisch bzw. zerstörerisch Menschen gelebt und gehandelt haben: „Denn ich war hungrig, und ihr habt mir zu essen gegeben …" (Mt 25,34).

Vom Kreuz her bittet Jesus allerdings auch für die Bösen um die Verzeihung Gottes, so dass am Ende mit Paulus und seiner Rechtfertigungstheologie (worin die Menschen als Sünder und Sünderinnen in Gottes Gnade aufgenommen sind, noch bevor sie sich geändert haben, damit sie sich ändern können) auf die Rettung aller gehofft werden darf. Damit gibt es keinen Anhalt, den Glauben mit Drohungen erzwingen zu wollen.

Hoffnungsvoll ist der Blick über die Todesgrenze hinaus dann, wenn all das, was die Menschen getan und erlitten haben, sich nicht einfach in dieser Rettung auflöst, als wäre das alles nicht geschehen. Wenn also das Gericht für alle als endgültige Gerechtigkeit und als intensive Versöhnung erfahren wird, so dass es weder eine Versöhnung auf Kosten der Gerechtigkeit noch eine Gerechtigkeit auf Kosten der Versöhnung geben wird. Die Hoffnung also, dass es am Ende für alle eine Rettung geben kann, aber nicht einfach so, als würde Gott die Leiden der Opfer und die Taten der Täter nicht ernst nehmen, als ob es ihm nachträglich egal wäre, wie wir gelebt haben.

Dies geschieht im unerschöpflichen Raum der Versöhnung Gottes, in dem erst das Unmögliche möglich wird, nämlich die Versöhnung der Täter mit Gott und mit den Opfern, die nicht die Gerechtigkeit verletzt, weil sie die Täter elementar, durch ihre ganzen schmerzempfindlichen Phasen hindurch (seelisch und leiblich), restlos zum schutzlosen und radikal geöffneten Resonanzkörper dessen werden lässt, was sie getan oder versäumt haben. Eine entsprechende Spur legt der Film „Dead Man Walking“, wo dies am Beispiel eines Mörders, der sich auf dem elektrischen Stuhl endlich öffnen kann, eindrücklich gezeigt wird. Zugleich wird hier deutlich: Auch bei Tätern darf ihre Schuld nicht dazu führen, ihnen das Lebensrecht zu nehmen und sie selbst zu Opfern zu machen.[45]

Auf der andren Seite dürfen sich Menschen, die in Liebe und Solidarität gelebt haben, in unendlicher Freude und Bestätigung angesichts der betreffenden Personen und angesichts der unendlichen Liebe Gottes als Resonanzraum dessen erfahren, was sie an Liebe und Solidarität geschenkt haben. Und die meisten Menschen werden sich einmal auf der einen, dann wieder auf der anderen Seite vorfinden.

Das Gericht ist also ein für uns unbegreifbares, umfassendes Begegnungsgeschehen mit unvorstellbarer Intensität und Dynamik. Die Menschen sind darin nicht ungefragte Gegenüber eines von oben nach unten erfolgenden Gerichts mit einer verordneten Strafe, sondern die „Strafe" ereignet sich in diesem Geschehen selbst als die nicht auferlegte, sondern in uns selbst angesichts der Opfer aufbrechende Schmerz- und Sühnebewegung. „Aber in dem Schmerz dieser Begegnung, in der uns das Unreine und Kranke unseres Daseins offenbar wird, ist Rettung" (Spe salvi Nr. 47). Der Begriff des „Schmerzes" ist allerdings ein analoger, der dem, was geschehen wird, unähnlicher sein wird als ähnlich, aber er deutet gleichwohl die Richtung an, auf die hin wir hoffen dürfen. Für jedes bessere Bild müsste man dankbar sein, doch finde ich keines.

Zugleich ist daran festzuhalten, dass dies nicht die Leistung und das Verdienst der Sünder und Sünderinnen selbst ist, sich in diesen Reueschmerz hineinzubegeben, sondern dass er von Grund auf ermöglicht wurde durch die unendliche Versöhnungsmacht, durch die Gnade Gottes, die in der Auferstehung bereits beginnt und durch das Gericht hindurch trägt und rettet. Es handelt sich also, jenseits jeder Werkgerechtigkeit, um die endzeitliche Wirksamkeit jener unbedingten Rechtfertigungsgnade, die von den Menschen allerdings unterschiedlich, zwischen Freude und Leid, erfahren wird, je nach dem Leben, das sie hinter sich haben. Dies ist der Anteil der Gerechtigkeit im endzeitlichen Gnadengeschehen, nicht als Bedingung, sondern als Auswirkung der Gnade. Die Alternative wäre, dass die unterschiedslos geschenkte Liebe Gottes keine Unterschiede machte, was das hiesige Leben für das Gericht egalitär und damit Letzteres obsolet sein ließe. So kann Benedikt XVI. schreiben: „Aber es ist ein seliger Schmerz, in dem die heilige Macht seiner Liebe uns brennend durchdringt, so dass wir endlich ganz wir selber und dadurch ganz Gottes werden. So wird auch das Ineinander von Gerechtigkeit und Gnade sichtbar" (Nr. 47).

Gerade wenn aus manch protestantischer Sicht die Annahme der Rechtfertigungsgnade im Glauben so entscheidend ist, so dass man sich nicht leicht mit der Vorstellung anfreunden kann, dass alle Menschen, ob sie glauben oder nicht, von Gott gleichermaßen geliebt sind, müsste dies andersherum endzeitlich gelten: dass die Rechtfertigungsgnade nicht nivellierend über Annahme oder Nichtannahme, über die Differenz der vergangenen Biografien hinweggeht, sondern dass auch hier die Annahme dieser Gnade eine ganz bestimmte Qualität gewinnt, nämlich die der unterscheidenden Reaktion in Reue bzw. Freude.

Indem ich diesen Gerechtigkeitsanteil in der Versöhnungsgnade formuliere, muss ich ihn auch schon wieder aus der Hand in die Unverfügbarkeit Gottes geben. Die Neuschöpfung im Gericht übersteigt alle unsere Vorstellungen, aber erst nachdem sie uns in der christlichen Botschaft gegeben wurden. Nur in dieser unauflösbaren Dialektik gilt die Einsicht des Paulus – ohne dass das Leiden damit nicht ernst genug genommen würde: „Ich bin überzeugt, dass die Leiden der gegenwärtigen Zeit nichts bedeuten im Vergleich zu der Herrlichkeit, die an uns offenbar werden soll" (Röm 8,18).

In der Unbedingtheit Gottes werden zwar die menschlichen Bedingtheiten nicht gelöscht, aber unendlich überboten. Die menschliche Sehnsucht nach ausgleichender Gerechtigkeit bis hin zum Schrei nach Gerechtigkeit werden nicht zuschanden, aber müssen sich nicht mit dem Ausgleich begnügen, sondern werden in eine Unerschöpflichkeit an Gottes Gerechtigkeit, die in ihrer Liebesdynamik niemals aufhört, aufgenommen, in solcher Unendlichkeit, dass diese Gerechtigkeit auf keinen Ausgleich angewiesen ist und jeden Ausgleich überschwänglich und überbordend überbietet. Völlig unnötig und deplatziert ist es deshalb, auch nur den Hauch eines Gedankens daran zu verlieren, mit dem Reueschmerz ein Anrecht auf Rettung verbinden zu können oder zu müssen. Er ist völlig selbstwertig, nur aus Gottes Gnade heraus möglich, für nichts instrumentalisierbar und begibt sich frei und absichtslos in die Hand Gottes.

Auch das Gleichnis von den Arbeitern im Weinberg (Mt 20,1–16) verbietet es, die Vorstellung von der Gerechtigkeit in der endzeitlichen Gnade als rechnerischen und kalkulierbaren Ausgleich anzunehmen. Die Gnade kann frei jeglichen Ausgleich übersteigen, so dass Täter aus der geschenkten Liebe heraus noch viel mehr (oder aber auch weniger?) Reue leiden, als was sie an Leid zugefügt haben, vielleicht weil andere stellvertretend für sie gesühnt haben, was sie schmerzlich beglückt[46] (siehe unten Kapitel 10.2).

Gottes Barmherzigkeit ist voraussetzungslos, aber nicht blind: Gott sieht die Schattenseiten und spricht die Täter schuldig, schon aus Barmherzigkeit und Gerechtigkeit den Opfern gegenüber. Aber die Beziehung mit Gott übersteigt jeden Tun-Ergehens-Zusammenhang mit seiner immer noch einmal größeren Gnade. Diese Offenheit aller Wenn-Danns in ihre unendliche Entgrenzung Gottes hinein setzt sie nicht außer Kraft, lässt sie aber auch nicht das letzte Wort sein. Die Menschen brauchen keine Angst vor Liebesentzug zu haben. Diese Liebe kann entsetzlich weh tun, wenn man die eigenen Taten der (am Jüngsten Tag) unverhüllten Offenbarung dieser Liebe aussetzt. Sie schmerzt Gott selbst in Christus angesichts des Bösen und des Leids der Menschen. Derart von einem „lieben" Gott zu reden hat also nichts Flaches, Süßliches und Banales, sondern verschärft den Gegensatz zwischen Gut und Böse in die unermessliche Konfrontation einer „gewaltigen" Liebe, gewaltig in dem Sinne, als sich darin alle, die Böses getan haben, in einer unerschöpflichen Versöhnungsmacht aufgenommen erfahren, die *als* Liebe unermesslich schmerzlich wirkt. Diese Liebe steht niemals in Frage, hört niemals auf und zieht gerade deshalb zur Rechenschaft, aber nie außerhalb ihrer selbst, was es ja gar nicht gibt, insofern Gott alles in allem ist.

3. Ressource des Geliebtseins

Im christlichen Glauben ist die Liebe Gottes nicht an die Bedingung des Glaubens gebunden: Dies wäre der Anfang einer Erzwingung, die in der Religionsgeschichte Millionen von Menschen schlimmster Gewalt ausgesetzt hat.

Der Glaube ist vielmehr „nur“ die Auskunft über diese göttliche Gesinnung und so die Bedingung dafür, etwas von dieser allen Menschen längst geschenkten Liebe Gottes zu wissen und aus diesem Wissen heraus das Leben zu gestalten und es, wenn nötig, zu verändern: Dies wäre ein Glaube, der keine Gewalt mehr begründen kann.

Das Glaubensbewusstsein ist genauso wenig Bedingung dafür, sich in der Würde zu befinden, von Gott geliebt zu werden, wie die mit der Geburt gegebene Menschenwürde an die Bedingung eines bestimmten Bewusstseins gebunden ist, sondern allein durch die nackte Leiblichkeit gegeben ist. Die Menschenwürde darf nicht nur bewusstseinsbezogen verstanden werden, sondern umfasst die ganze soziale und körperliche Leiblichkeit des Menschen. Der vorbewusste Anfang des Embryos und das manchmal bewusstseinsabnehmende Ende im Alter beeinträchtigen nicht die Menschenwürde. Nicht wenige Menschen – und deren Zahl nimmt zu – haben in der Gesellschaft die Vorstellung, dass die Menschenwürde an Bewusstsein und Verstehen zu binden sei. Mehrfach und vor allem geistig behinderte Menschen (wenn man es überhaupt so formulieren darf) fallen aus diesem Menschenwürdebegriff heraus und werden um ihr Leben zu bangen haben. Mensch sein und von Gott geliebt sein sind mit der nackten Leiblichkeit gegeben, bedingungslos. Diese Erwählung ist unwiderrufbar, genauso unwiderrufbar wie die Geburt. Kein nachträgliches Fühlen, Denken und Tun kann dieses Sich-empfangen-Haben in Frage stellen.

Der Glaube seinerseits ist von daher bedingungshaft an die Liebe gebunden. Ein Glaube, der sich nicht als Gratisgegebenheit (als Gratuität) und nicht für die Solidarisierungsfähigkeit der Menschen auswirkt, ist verzichtbar.

Die religionskritische Bedeutung dieser radikalen Gnadentheologie ist nach innen und außen von epochaler Bedeutung, nämlich den Glauben ohne inneren und äußeren Zwang weiterzugeben: durch den sozialen Kontext, den die Glaubenden nach innen und nach außen gestalten (Diakonie), in Verbindung mit einer Glaubensgestalt (Martyria), die jedes Wenn-Dann als etwas Vorletztes behandelt und an die unerschöpfliche Liebe abzugeben vermag und von daher eine Kraft bekommt, die durch nichts erleistet werden muss und deshalb alles ermöglicht.

Der Glaube steigert die Ressource des Geliebtseins. Theodor W. Adorno präzisiert das Problem mit der „Liebe“: „Jeder Mensch heute, ohne jede Ausnahme, fühlt sich zu wenig geliebt, weil jeder zu wenig lieben kann.“ Diese Liebe kann man nicht verordnend predigen, denn sie setzt „bereits eine andere Charakterstruktur voraus als die, welche man verändern will“[47]. Und er bringt die Begründung: „Denn die Menschen, die man lieben soll, sind ja selber so, dass sie nicht lieben können, und darum ihrerseits keineswegs so liebenswert.“[48] Adorno trifft hier das entscheidende Dilemma der Solidarität, wenn sie über die vital geschenkte Liebe zwischen Menschen hinausgeht, und ihrer Notwendigkeit, doch irgendwie zur „zweiten Liebe“ (auch vital Nicht-Geliebten gegenüber) zu werden.

Aufforderungen helfen hier nichts. „Die Aufforderung, den Kindern mehr Wärme zu geben, dreht die Wärme künstlich an und negiert sie dadurch ... Der Zuspruch zur Liebe – womöglich in der imperativischen Form, dass man es *soll* – ist selber Bestandteil der Ideologie, welche die Kälte verewigt. Ihm eignet das Zwanghafte, Unterdrückende, das der Liebesfähigkeit entgegenwirkt.“[49] Adorno ahnt, dass es einer der entscheidenden und „großen ... Impulse des Christentums (war), die alles durchdringende Kälte zu tilgen. Aber dieser Versuch scheiterte; wohl darum, weil er nicht an die gesellschaftliche Ordnung rührte, welche die Kälte produziert und reproduziert."[50] Theologisch gesprochen: Die Botschaft von der universalen und unbegrenzten Liebe Gottes, die immer zuerst gibt, um zu ermöglichen, und die nicht erst geschenkt wird, wenn Bedingungen erfüllt werden, hat also zu wenig das reale Leben der Menschen getragen, erreicht und verändert. Weil diese Liebe durch Jahrhunderte hindurch immer wieder zu sehr mit allzu menschlichen und unmenschlichen Bedingungen verbunden wurde.

Weit davon entfernt, Adorno mit christlichem Antwortgehabe zu begegnen, darf diese Ahnung von Adorno durchaus bestätigt werden, wenn auch gleichzeitig die relative geschichtliche Wirkungslosigkeit zu bestätigen ist: Wo immer Gottes entgrenzende Liebe gelebt und verkündet wird, wo der Glaube nicht als Bedingung der Liebe Gottes verstanden wird, sondern als ihr Ausdruck den Menschen geschenkt wird, wo Menschen sich von daher unbedingt, noch bevor sie sich verändert haben, von Gott als unendlich geliebt erfahren, ist dies ein Weg zur Heilung und ein Ausweg aus dem angesprochenen Dilemma. Denn dann wird Liebe nicht mehr gefordert, sondern ist ermöglicht und wird von daher zur Triebkraft universaler Solidarität und zur ungeschminkten Analyse der Wirklichkeit, ihrer sozialen Widersprüche und ihrer Kälte: „Das erste wäre darum, der Kälte zum Bewusstsein ihrer selbst zu verhelfen, der Gründe, warum sie wurde."[51]

7. Spuren vorgängiger Annahme

1. Von Geburt an …

Man sehe mir nach, dass ich jetzt auf Ratten zu sprechen komme, aber die biogenetischen Ursprünge des Menschengeschlechts sind auch in diesem Zusammenhang nicht zu vernachlässigen und zumindest aufschlussreich. In der Fernsehsendung „Abenteuer Forschung“ vom 27.9.2011 zum Thema, wie Kinder optimal gefördert werden können, berichtete Harald Lesch von Studien mit Ratten, die erstaunliche Zusammenhänge zur Bedeutung der Eltern-Kind-Beziehung zu Tage fördern, eigentlich Zusammenhänge, die seit Jahrhunderten bekannt sind: Rattenmütter verhalten sich unterschiedlich, einige kümmern sich um den Nachwuchs und lecken ihre Jungen ausgiebig ab, die Jungen anderer Mütter müssen mit weniger Zuwendung auskommen, sie wachsen fast ohne Körperkontakt auf. Das Verhalten der Mütter beeinflusst das Erbgut der Rattenbabys. Im sich entwickelnden Gehirn werden durch das zärtliche Ablecken bestimmte Gene aktiviert. Die mütterliche Fürsorge prägt also die Tiere ein Leben lang. Bei einem Versuch soll eine Ratte ihren Käfig mit einer Maus teilen. Ein kurzes Beschnüffeln, dann lässt sie sich nicht mehr stören. Die Ratte stammt aus dem Wurf einer fürsorglichen Mutter. Ganz anders die andere Ratte: Sie wuchs ohne mütterliche Zuwendung auf. Das stressanfällige Tier reagiert aggressiv und attackiert die Maus. Inzwischen hat man über hundert Gene identifiziert, die in den Jungratten durch das Verhalten der Mütter in der ersten Lebenswoche aktiviert werden. Es gibt immer mehr Hinweise, dass die Ergebnisse aus der Rattenwelt auf uns Menschen übertragbar sind. Fachleute nennen dieses Phänomen, so Lesch, Epigenetik: Äußere Faktoren, in diesem Fall das Umsorgen durch Mutter oder Vater, entscheiden, welche Teile des Erbguts angeschaltet werden. Die Eltern lösen also im Körper der Kinder Kettenreaktionen aus, und zwar mit Langzeiteffekt auf die Psyche. Kinder, so Lesch, die schon im ersten Lebensjahr eine sichere Bindung erleben, haben eine gute Basis für jegliche Förderung und Bildung. Sie sind weniger stressanfällig, lernen schneller, sind kreativer und teamfähiger. Geborgenheit und Zuneigung ist der beste Proviant für den Weg in die große weite Welt.

Das Rattenexperiment bestätigt die alte Einsicht: Menschen sind auf Vorgegebenheiten angewiesen. Verstehen wird erst durch entsprechende Vorgegebenheiten in eine bestimmte Richtung gebahnt, nämlich in die Richtung, in die ganz bestimmte „Gene“ entwickelt oder nicht entwickelt wurden. Das Erleben von Fürsorge, Nähe und Geborgenheit, jenseits von klammernder Umarmung, ermöglicht es, in ähnlicher Weise Wirklichkeit wahrzunehmen, auf sie zuzugehen und sie zu gestalten. Das gilt für die Wahrnehmung unserer (gegenwärtigen) Wirklichkeit; das gilt aber auch mit Blick auf die Wahrnehmung vergangener, wie etwa biblisch erzählter Wirklichkeit. Die Sucht nach Ausgrenzung, ja Benachteiligung und am Ende Vernichtung des Anderen kann hochintelligent daherkommen, kann eine Menge von Argumenten (etwa biblischer Gewalttexte) aufbieten, um in diese Richtung erfüllt zu werden. Die Maus im Rattenkäfig hat dann keine Chance mehr zu überleben.[52]

Allerdings darf im menschlichen Zusammenhang und im Glauben an Gottes überraschende Gnadenkraft auch darauf gehofft werden, dass es Bekehrungserlebnisse gegen den Strich gibt, worin Menschen auch ohne entsprechende Vorerfahrungen und im Kontrast dazu von der Liebe Gottes und der Menschen überwältigt werden. Doch mit diesen „Wundern" kann man nicht „rechnen". Man wird darauf hoffen, dafür den Blick offen halten, um sie zu ermöglichen, womit man wiederum selbst an dieser anderen Vorgegebenheit arbeitet.

2. Gelegenheit macht gut

Für das tatsächliche Gutsein von Menschen sind weniger Überzeugungen als das reale Umfeld und die Umstände von Bedeutung. Richard D. Precht erzählt in einem Interview von einer Versuchsanordnung, die vor Jahren mit Theologiestudierenden an der renommierten theologischen Fakultät Princeton (USA) durchgeführt wurde. In zwei Gruppen wurden unterschiedliche Themen besprochen, einmal das Samaritergleichnis, in der anderen Gruppe die Karrierechancen nach dem Theologiestudium. Die Vertreter der Gruppen wurden dann in ein anderes Gebäude zum Professor gerufen, die einen unter sofortigem Zeitdruck, die anderen ohne diesen Zeitdruck. Auf dem Weg in das andere Gebäude mimte jemand einen Mann, der auf den Stufen mit einem Herzinfarkt zusammenbrach. Es zeigte sich, dass die Hilfsbereitschaft nicht davon abhing, ob man sich gerade mit dem Samariter oder mit eigenen Karrierechancen beschäftigt hatte. Alle diejenigen, die unter Zeitdruck gerufen wurden, gingen an diesem Mann vorbei, ja manche sahen ihn nicht einmal. Und diejenigen, die genügend Zeit hatten, nahmen ihn wahr und halfen ihm, unabhängig davon, ob sie das Samaritergleichnis oder Karrierechancen besprochen hatten. Ob Menschen gut sind, hängt also weniger von Überzeugungen als vielfach von den Umständen ab, die moralisches Verhalten ermöglichen oder nicht.

Schon Alfred Delp hatte diese Einsicht: „Ich kann predigen, soviel ich will, und Menschen geschickt oder ungeschickt behandeln und wiederaufrichten, solange ich will: Solange der Mensch menschenunwürdig und unmenschlich leben muss, solange wird der Durchschnitt den Verhältnissen erliegen und weder beten noch denken. Es braucht die gründliche Änderung der Zustände des Lebens."[53]

Von daher ergibt sich umso mehr die Notwendigkeit für Gruppen, Kirchen, Gewerkschaften, politische Parteien u. Ä., moralische Milieus aufzubauen, in denen nicht nur über Ethik gesprochen wird, sondern ethisches Verhalten ermöglicht wird. So hat in einer finanziellen Zurichtung aller Handgriffe im Krankenhaus eine Krankenschwester kaum die realen Möglichkeiten, sich längere Zeit um einen Patienten auch anderweitig als in der direkten Krankenpflege zu kümmern. Es ist also in religiösen wie politischen und wirtschaftlichen Systemen darauf zu schauen, wieweit nicht nur Ethik gefordert, sondern auch die dafür nötigen praktischen Ermöglichungsmilieus geschaffen werden. Milieus, die durch Achtung Selbstachtung ermöglichen, sind tragfähiger als angemahnte Erinnerungen, Prinzipien und Überzeugungen.

Vermutlich trifft dies auch für den Umgang mit der Geschichte zu. Es kann sich darin ereignet haben, was will, es hängt immer von den gegenwärtigen Interessen und Absichten ab, welche Bedeutung es hat. Wie Menschen miteinander umgehen, so gehen sie mit geschichtlichen Erinnerungen um – sei es im Horizont der Solidarität, sei es im Horizont einer Erwählung, die die Nichtdazugehörigen am liebsten der Vernichtung aussetzt. Und umgekehrt: Wie sich die Menschen ihrer Geschichte und darin ihres Bezugs zu Opfern und Tätern erinnern, so beziehen sie sich auch jetzt auf Menschen und Völker. Es geht hier also nicht nur um Begegnungen in der Gegenwart, sondern auch um Begegnungen mit der Vergangenheit, also darum, wie wir etwas erinnern, wie wir zum Beispiel auf Texte aus der Geschichte zugehen und sie für uns bedeutsam werden lassen. Ich will dies an einem Vorgang verdeutlichen, der für Christen und Christinnen von besonderer Bedeutung ist, nämlich wie sie biblische Geschichten aufnehmen.

Die jeweiligen Umstände wirken sich nämlich *auch* auf das Verständnis der Bibel aus. Von daher wird umso mehr plausibel, was der Alttestamentler Walter Groß hinsichtlich des Umgangs mit biblischen Texten feststellt: „Es zeigt sich, wie schwierig es ist, exakt zu bestimmen, ob biblische Texte als Motivation oder nur zur nachträglichen Rechtfertigung dienten.“[54] So geht es nicht nur um die Verstehensvoraussetzungen des Evangeliums bzw. biblischer Texte, sondern um die Verhaltensvoraussetzungen, die entsprechendes Verstehen bahnen. Oder anders: Die Erinnerungstherapie ist ohne Verhaltenstherapie nicht zu haben. Erst dann geht es um die ganzheitliche „Haltung“ von Menschen der erinnerten Wirklichkeit gegenüber. Wie gläubige Menschen leben, wie sie miteinander und wie sie von da aus ihre Verantwortung dem Wohlergehen aller Menschen gegenüber übernehmen oder nicht übernehmen, bestimmt die Art und Weise, wie sie mit Geschichte und Traditionen umgehen.

Sage mir also, welches Kirchenbild du hast und welche Kirchengestalt du erlebt hast, und ich sage dir, wie du biblische Texte liest. Wo Menschen Angenommensein auch im Widerspruch erleben und nicht deswegen mit Wohlergehens- und Gemeinschaftsentzug bestraft werden, ist jene Verhaltensbasis für die Wahrnehmung biblischer Texte gelegt, die dann auch den Letzteren entsprechend begegnen kann. Es gibt Gottes- und Kirchenbilder, die nicht die geringste Chance dafür eröffnen, die Allgültigkeit des Heils für alle Menschen zu denken und zu hoffen. Da kann es noch so viele biblische Texte geben, die genau dies eindrucksvoll vertreten. Es werden dann sicher die anderen gesucht und gefunden, die die gewünschten Ausgrenzungen bestätigen. Und die Bibel ist darin nicht unschuldig.[55]

Ich bezweifle nicht, dass der Geist bestimmter biblischer Texte auch gegenüber unmenschlicher Praxis eine Kraft zur Veränderung und zur Umkehr schenken kann: Aber auch dafür muss irgendwann, wenigstens in einer Nische bisheriger Begegnungen oder (auch erzählter) Lebensgeschichten, etwas entstanden sein, was sich dafür, oft auch schockartig, öffnen kann. Ohne solche „Inspirationen" der Lebenden gibt es keine Inspiration durch die Bibel.

3. Basis der Solidarität

Wo eine besondere Kultur der gegenseitigen Ernstnahme, des nicht vereinheitlichenden Gemeinsinns und der Vielfalt gepflegt wird, wo Widerspruch nicht mit Liebesentzug geahndet wird, wo Diakonie uneigennützig und Würde achtend geschieht, wird Solidarität an keine anderen Bedingungen als an Barmherzigkeit und Gerechtigkeit gebunden. Hier bewahrheitet sich, was sozialwissenschaftliche Untersuchungen zur Solidaritätsfähigkeit religiöser Sozialgestalten ergeben haben, nämlich dass insbesondere vernetzte und nichtautoritäre Religiositäten bedeutend mehr Solidaritätswerte aufweisen als andere (vor allem autoritäre und abgeschlossene) Religiositäten. Fundamentalisierende religiöse Sozialformen legen in der Regel auf Nahsolidarisierung fest und legen damit weder religiös noch sozialpsychologisch ein taugliches Fundament für Solidarität denen gegenüber, die nicht dazugehören.[56] Nach innen „lebt" die fundamentalistische Gemeinschaft vom Prinzip der gegenseitigen Bestätigung bis Nötigung und der gleichen Widerspruchsfreiheit, auf die auch die Bibellektüre zurechtgestutzt wird. Vielfalt nach innen wie nach außen muss deshalb ebenfalls des Teufels sein. Als Reichtum kann sie nicht angesehen werden. Menschliche Freiheit und Gottesfurcht werden als Widerspruch aufgefasst, anstatt dass Letztere als Moment der umso größeren Freiheit des Menschen selbst gesehen werden könnte.

Es geht um die angemessene Vermittlung des Glaubens über die Schwelle der Kirchengrenzen hinaus und um jene Glaubenseinsicht, dass diese Schwelle nur im Horizont menschlicher Freiheit und göttlicher Gnade sowohl nach außen wie nach innen übertreten werden kann. Dies beinhaltet zugleich, dass das Ansehen-Geben auch darin bestehen kann, andere in den Projekten beteiligten Menschen nicht mit einer Gottesverkündigung zu belästigen, die ihr Ansehen durch offene oder unterschwellige Minderachtung dessen, was sie glauben, verletzt. Vielmehr ist darauf zu schauen, dass die christliche Gottesverkündigung als eine Spiritualität erlebt werden darf, die allen Menschen guttut. Sie ist dann in der Diakonie Gottes selber verwurzelt und von ihr getragen, und sie übersteigt die Grenzen des ausdrücklichen Glaubens an Gottes unendliche Gnade durch diesen Glauben selbst, der ebendies besagt, dass Gottes Präsenz ihre christliche Ausdrücklichkeit übersteigt und in allen Bereichen menschlichen Lebens und Sprechens, menschlicher Freude und menschlichen Leidens gegenwärtig sein kann.

Jenseitsbeziehungen sind immer heikel, weil sie menschliche Wünsche, Triebe und Sehnsüchte, die alle ihre Zwiespältigkeit haben, bis ins Unendliche treiben, verschärfen und zugleich mit unkontrollierbarer Autorität versehen. Demgegenüber ist der christliche Gottesbegriff in einer doppelten Weise herrschaftskritisch: einmal indem mit Gott im Mund keine Vorherrschaft über andere begründet werden kann und zweitens darin, dass Gott allein die Herrschaft gehört, und zwar nicht eine vernichtende, sondern eine rettende. Der biblische Begriff der Gottesherrschaft bekommt so ein eigenes, modernes, ja postmodernes Gepräge: Gott allein gehört die rettende „Letztverantwortung“ und „Meistererzählung“, die alles, auch das Gegensätzliche, zusammenfügt. Gott allein ist „Meister“ zu nennen (vgl. Mt 23,10). Wenn Menschen den Gottesbegriff im Mund führen, haben sie jede Art von Herrschaft aus der Hand zu geben und durch Solidarität zu ersetzen. Hier ist kein Platz für den menschlichen Selbstruhm, der sich über andere und über Gott erhebt.

Glaube und Diakonie benötigen sich gegenseitig, aber nach innen in einer anderen Weise als nach außen; nach innen wesentlich explizit als Glaube und Vertrauen auf die

Liebe Gottes, die alles, aber nichts unterschiedslos, umfängt und gerade um der Liebe willen scharf unterscheidet zwischen Gut und Böse, zwischen Opfern und Tätern und *in* dieser Liebe beiden völlig gegensätzlich begegnet. Nach außen ereignet sich die Verbindung von Glaube und Diakonie, von Verkündigung und Solidarität einmal darin, dass die Gottesrede nicht zwanghaft aufdringlich wird, zum anderen darin, dass das, was diese Rede entfaltet, überall zwischen Menschen der Fall sein kann (insofern der Geist Gottes tatsächlich weht, wo *er* will, auch wo er *so* nicht oder gar nicht benannt wird). Dass dies so ist, kann aber nur im inneren Bereich so besprochen werden, ohne dass diese Besprechung nach außen einen anderen Charakter annimmt als den der Anerkennung, spirituellen Raumeröffnung und Ermutigung. Dies zu beherzigen ist notwendig, damit die Diakonie Gottes den Menschen gegenüber nicht von Letzteren selbst verhindert wird. Die Versuchungen dazu sind vielfältig. Bevor die Gottesverkündigung in solche Versuchungen fällt, soll sie lieber gar nicht geschehen.

8. Gnadenreiche Pastoral der Kirchen

1. In Wort und *Tat*, in Tat und *Wort*

Nach der Pastoralkonstitution „Gaudium et spes" (Freude und Hoffnung) des Zweiten Vatikanischen Konzils (1962–1965) der katholischen Kirche beinhaltet das pastorale Handeln nicht nur die Erfahrungen und die Tätigkeiten der Hauptamtlichen, sondern versteht alle getauften Gläubigen als Basis der Pastoral der Kirche. Aber nicht nur der Personenkreis der Pastoral erweitert sich, sondern auch der Inhalt: Pastorales Handeln beinhaltet nicht nur Verkündigung und Gottesdienst, sondern auch alle Bereiche der Nächstenliebe und der Diakonie.

Diese inhaltliche Erweiterung der Pastoral kann sich in authentischer Weise auf den Pastor bonus, auf den „guten Hirten" Jesus Christus selbst beziehen, der immer beides verbunden hat: das Wort und die Tat, die Verkündigung des Glaubens an einen erlösenden und liebenden Gott genauso wie die Darstellung dieses Glaubens im heilenden und versöhnenden Umgang mit den Menschen. Dazu ist Jesus Christus in die Welt gekommen, um diese Art von Pastoral darzustellen. In der Begegnung mit ihm entsteht ein Erfahrungsraum, in dem an einen guten Gott geglaubt werden kann. Zu einer solchen Pastoral, wie sie der gute Hirte vorlebt, sind diejenigen ausgesandt, die diese Botschaft genauso, nämlich in Wort und Tat, weitertragen (vgl. Lk 10,1–9).

Hier darf man allerdings genauer hinschauen: Bei Jesus gibt es nicht nur eine Pastoral, die als sozialverantwortliches Handeln dem Glauben (als Gottesbeziehung) entspringt, sondern auch eine pastorale Bemühung um die rechte Gottesbeziehung selbst, wie etwa in der Beispielerzählung vom Barmherzigen Vater und dem am Ende gar nicht verlorenen Sohn (vgl. Lk 15,11–24). Diesen gottbezogenen Aspekt könnte in der Pastoral vor allem das neuere Seelsorgeverständnis herausstellen, wie es Doris Nauer entwickelt.[57]

Gaudium et spes scheint diesbezüglich noch nicht ganz so weit zu sein. Auch Hans-Joachim Sander sieht in seinem Kommentar[58] vor allem das polare Gegenüber von Glaube und Pastoral und zu wenig, dass die Glaubenspastoral ihre eigene Selbstwertigkeit gegenüber der sozialen Pastoral hat. Es geht auch hier um die Heilsgeschichte im Jetzt. Welcher Glaube wird als Erlösung erfahren? Als angstbefreiend und als aufrichtend?

Hans-Joachim Sander schreibt beispielsweise: „Der Glaube dient den Menschen und findet darin zu seinem eigenen, nicht mit der Humanisierung der Gegenwart einfach identischen Ziel ... Der transzendente Ort des kirchlichen Glaubens und der irdische Ort der heutigen Welt gehen deshalb nicht ineinander über, sondern stehen polar zueinander.“[59] Hier müsste man ergänzen, dass der Glaube selbst *ein irdischer Ort* ist und auch als solcher *der Humanisierung dient*.

Nochmals Sander: „Die Darstellung des Glaubens geschieht nicht um ihrer Darstellung, sondern um der Heilserfahrung aller Menschen willen. Sie dient nicht der Zementierung der geschichtlichen Situation mit all ihren inhumanen Anteilen, sondern der Veränderung im Sinne der Menschen, die in ihr leben.“[60] Aber es geht auch insofern um die Darstellung des Glaubens um ihrer selbst willen, als der Glaube für sich eine eigene pastorale Verwirklichung benötigt, damit er Glaube für andere werden kann und um der Pastoral der Tat Orientierung und Kraft zu geben. Der Zweiheit von Dogma und Pastoral entspricht dann eine doppelte Pastoral, eine der Gottesbeziehung und eine der Menschenbeziehung, und beide als niemanden ausschließende Solidarität. Dazu kommt die gnadenhaft ermöglichende Verbindung von beiden: von der Gnade göttlicher Liebe zur zwischenmenschlichen Solidarität, von der Erfahrung menschlicher Liebe und Gerechtigkeit zur Öffnung auf die Liebe Gottes zu.

Wer sich auf die Wahrheiten des Glaubens bezieht, kann den konkreten Fragen der Menschen und ihren Problemen nicht ausweichen.[61] Allerdings geht es im Glauben selbst um die Wahrheit Gottes, die sich nicht nur auf die Probleme der Menschen bezieht und dadurch pastorale Qualität gewinnt (im sozialen Bereich der Menschen untereinander), sondern die selbst Problem und Frage ist und damit eine eigene Pastoral benötigt, die sich auf das Verhältnis zwischen Mensch und Gott bezieht. Das Verhältnis von Wort und Wirklichkeit, von Dogma und Pastoral, ist nicht nur anzusiedeln im Verhältnis von Glaube und einer pastoralen Wirklichkeit gegenüber dem Glauben, sondern ist ein Problem des Glaubens selber, nämlich wie darin das Wort zu einer Erfahrung wird, die pastorale Qualität hat.

Der Glaube benötigt pastorale Orte seiner Selbstverwirklichung, und diese können durchaus genauso plural sein wie die sozialen pastoralen Orte. Deswegen bemühe ich auch den Pastoralbegriff nicht nur für die Sozialpastoral, sondern auch für die Glaubenspastoral. Diese glaubens-selbstwertige Pastoral ereignet sich in Wort und Sakrament, in Verkündigung und Liturgie.

Die Kirche ist nach der Kirchenkonstitution Nr. 1 Zeichen und Werkzeug für alle Menschen, und zwar in beide Richtungen, wie dies Gaudium et spes 92,1 formuliert: „Der Vater will aber, dass wir in allen Menschen Christus als Bruder erkennen und wirksam lieben, sowohl im Wort als auch im Werk, indem wir so Zeugnis ablegen für die Wahrheit und den anderen das Mysterium der Liebe des himmlischen Vaters mitteilen."[62] Mir geht es genau um diese Mitteilung, nämlich dass im Wort die Liebe des himmlischen Vaters nach innen wie nach außen erfahrbar wird.

Die Kriterien der Pastoral sind also auch auf den Glaubensvollzug selber anzuwenden. Die Pastoral des Glaubens ist nicht nur sein gegenwärtiges Außen, sondern diese Zweiheit in der Wechselwirkung spiegelt sich auch im Glauben selbst wider und ist darin eigens zu beachten. So gibt es auch im Glauben so etwas wie eine Heterotopie, eine Andersortigkeit des Glaubens im Glauben der Menschen selbst.[63] „Der heterotopische Gehalt einer pastoralen Ortsbestimmung geht ad extra auf die Verhältnisse hin, in denen die Würde von Menschen gefährdet wird ... Die heterotopische Qualität der pastoralen Ortsbestimmung geht zugleich auch ad intra auf das hin, womit die Kirche ihrem eigenen Evangelium im Wege steht und Menschen im Verfolgen ihrer Menschwerdung gefährdet."[64] Genau dies kann in der Glaubensvermittlung selbst geschehen: in der Verbindung des Glaubens mit Sanktionen, Angst, Induktionen und Wenn-Dann-Bedingungen. So sind wir nach innen wie nach außen „konfrontiert mit Ausschließungen und Abschließungen"[65].

Sander fragt: „Wenn eine Religionsgemeinschaft wie die Kirche der Gesellschaft als eigenständiger Größe im

Zusammenleben von Menschen nicht ausweichen kann, wie muss dann eine Glaubenspositionierung aussehen, die in der Gesellschaft humanisierende Faktoren kristallisieren kann?“ Der erste Schritt dazu ist „nicht die Vorgabe der Glaubenswelt, die für jeden und alles den angemessenen Platz vorgesehen hätte, sondern der Respekt vor dem, was Menschen hier und heute, konkret und vor Ort erfahren und erleben müssen … Der Gesamtanspruch auf die Wahrheit des Lebens … bleibt erhalten, aber er wird nicht in einem für alle einheitlichen Modus aufgestellt, sondern in einer topologisch qualifizierten Weise verbindlich gemacht.“[66] Es ist dies eine „engagierte Unaufdringlichkeit“[67].

2. Herausforderung der Gegenwart

Die Erfahrung des Glaubens als unbedingte göttliche Liebe hat in aktuellen brisanten Krisen und Konflikten elementare politische Bedeutung: In europäischen Gesellschaften ist ein rasanter Umbruch im Gange, der mit folgenden Stichworten charakterisiert werden kann: Die linear gedachte Fortschrittszeit, dass es immer wieder aufwärtsgeht, ist abgebrochen. Die meisten verdienen unter dem Strich nicht mehr, sondern weniger als früher. Die Kosten steigen, die Erwerbsarbeit sinkt. Ein beträchtlicher Teil der Bevölkerung hat Angst um die Ersparnisse. Das Kapital, worauf Wohlstand und Sicherheit gebaut wurde, wird porös. Kriegsplätze, mögen sie noch so fern sein, rücken nahe durch die Beanspruchung eigener Soldaten für immer gefährlichere Einsätze weltweit. Potenzierte Ängste vor Terror und Massenvernichtung produzieren leidbringende und gefährliche militärische Reaktionen. Die Gefahren des Lebens nehmen im persönlichen wie auch im strukturellen und weltweiten Bereich zu. Dahinter schwelt der Kampf um die Energieressourcen. Beängstigend werden Klimaveränderungen und Naturkatastrophen wahrgenommen genauso wie die Hilflosigkeit der politischen Instrumente. Die Menschen spüren eine immer größere Unsicherheit und Angst, um sich, vor allem aber um ihre Kinder. Denn die Prognosen laufen nicht mehr über die nächsten 100 oder 200 Jahre, sondern in den nächsten zehn, 20 und 30 Jahren wird es die und die einschneidenden Veränderungen geben. Der Sorgenteppich wird immer dichter und schwerer.

Wenn diese Zeitdiagnose auch nur zur Hälfte zutreffen sollte, dann befinden wir uns in einer labilen und gefährlichen Zeit. Ihre Ambivalenz liegt auf der Hand: Wie reagieren die Menschen, wie wehren sie sich? Durch Abschottung den anderen und Fremden gegenüber, kollektive Egoismen, Nationalismen und Fundamentalismen und durch immer schlimmere Verteilungskriege weltweit? Ein in diesem Sinn aufschreckendes Buch hat Carl Amery vorgelegt: „Hitler als Vorläufer. Auschwitz – der Beginn des 21. Jahrhunderts“[68]. Erste Verdachtsmomente diesem Titel gegenüber, dass hier einmal mehr Auschwitz instrumentalisiert werde, verflüchtigen sich ziemlich schnell. Denn der Autor behauptet nicht, dass die Ermordung der Juden und anderer Menschengruppen das Gleiche sei, was jetzt weltweit der neoliberalistische Freihandel verursacht. Es geht nicht um das Wie des Vergleichs, sondern um die Dimensionierung eines Vorgangs, in dem die Grundideologie von Auschwitz in eine globalisierte Größenordnung hinein weitergetrieben wird. Denn hinter allem steckt die Hitlerformel: „Es reicht nicht für alle." Es reicht nur für uns, nicht für die anderen, die Fremden. Aus dieser Perspektive befürchtet Amery, dass Auschwitz eine primitive Vorwegnahme einer möglichen Option unseres Jahrhunderts sein könnte: in sozialdarwinistischen Ideologien, die weltweit für Konsum, Produktion und weltweite Vernetzung nicht benötigtes Leben als absolut fremd aussortieren, so sehr, dass die Aussortierten nicht einmal den Wert einer versklavten Arbeitskraft haben.[69]

Ist dies alles zu alarmistisch gedacht? Vielleicht oder besser: hoffentlich! Vor allem wenn man die vielen hoffnungsvollen Gegenbewegungen mit und ohne Gottesbezug,[70] die NG-Organisationen und auch neue Initiativen in den wirtschaftspolitischen Bereichen selber im Blick behält. Gibt es eine gemeinsame Anstrengung, die die Probleme für alle Beteiligten zu lösen versucht? Gibt es Solidarität zwischen Menschen über Fremdheitsgrenzen hinweg im eigenen Land wie auch zwischen den Ländern? Wo kommen die Kraft dazu her und die Hoffnung, dass dies gelingt, auch wenn man dafür jetzt manches an Besitzstand und Bequemlichkeit opfern müsste? Und was leisten dabei die Religionen?

Mittlerweile beschäftigt auch die Soziologie, wenn sie sich nicht nur empirisch zeigt, die Frage, wieweit Menschen auf ihren Vorteil verzichten, damit eine über den eigenen Bereich hinausgehende Gemeinschaft mit nicht zum eigenen Bereich Gehörigen insgesamt einen Vorteil hat. Es geht nicht nur um eine am eigenen Nutzen orientierte Solidarität, sondern um eine Solidaritätskompetenz darüber hinaus. Zivilcourage bedeutet Solidarität im Horizont der Gefährdung. In der christlichen Tradition spricht man vom „Martyrium", von einem Liebeszeugnis, das sich vom kleinsten bis zum größten Nachteil etwas kosten lässt.

Weder im Kleinen noch im Großen können Familien, Gruppen, Staaten und Erdteile zu einem allseitigen Vorteil gelangen, wenn nicht einige fähig sind, auf ihren schon bestehenden größeren Vorteil zu verzichten oder darauf zu verzichten, auf Kosten der anderen exklusiv in den Genuss der allseitig gedachten Vorteile zu gelangen. Man darf es global nicht zu Verteilungskriegen kommen lassen, denn dann ist alles schon zu spät. Denn dann werden die reichen Länder und Erdteile ihre militärische Überlegenheit einsetzen und das als „Notwehr" deklarieren „müssen". Wer jetzt nicht teilen will, muss später töten. Horst-Eberhard Richters Titel „Wer nicht leiden will, muß hassen" erfährt damit eine akute politische Zuspitzung:[71] Wer nicht teilen will, muss verletzen, benachteiligen und schließlich vernichten. Oder er wird später von den ins Elend gedrückten Menschen getötet, wenn sie entsprechenden Hass und Terror gelernt haben.

In erschreckender Weise macht die Perikope am „Fest der unschuldigen Kinder" (28. Dezember) deutlich, wie grauenvoll wahr dieser Satz ist: „Wer nicht teilt, muss töten." Da kommen die Sterndeuter aus dem Osten, die Weisen aus dem Morgenland, nach Jerusalem und fragen: Wo ist der neugeborene König der Juden? Und Herodes erschrickt, und es ist klar, warum er erschrecken muss: Weil er niemals daran denkt, seine Macht zu teilen oder gar abzugeben, nicht einmal an den Messias. Und weil er nicht teilen will, muss er töten, muss er alle Kinder töten, um zu verhindern, dass dieses Kind sein Konkurrent wird (vgl. Mt 2,1–18). Wer nicht teilen will, muss töten. Wer nicht die Rohstoffe der Welt mit allen teilen will, muss mit militärischer Macht und damit mit Töten die Ressourcen für sich selber sichern. Wer nicht Wasser und Nahrung teilt, wird Durst- und Hungerkriege heraufbeschwören, und die militärisch Mächtigsten werden sich abriegeln und die anderen aussperren, weil sie sich nicht rechtzeitig um das Teilen bemüht haben.

In dieser heiklen Zeit und in dieser entscheidenden Zukunftsfrage sind Theologie und Pastoral der Kirche in einer besonderen Weise angefragt und beansprucht, vor allem auf der Motivationsebene der Personen, aber auch der Institutionen: als Einübung in die Verzichtfähigkeit, als Fähigkeit zum Verlust, als Loslassen des exklusiven Raffens. Auch Letzteres wird auf Dauer nichts bringen. Denn alles, was den anderen zugefügt wird, wird irgendwann einmal auch auf den eigenen Bereich zurückschlagen. Doch woher kommt die Energie zum „Loslassen“? Zum Teilen mit den „Fremden“?

So sei die religiöse Rede, bevor sie die Menschen dazu aufruft, miteinander gnädig umzugehen, erst einmal vom gnädigen Gott. Noch bevor die Menschen gerecht und barmherzig sein können, ist davon zu sprechen, dass und wie sie Gerechtigkeit und Barmherzigkeit erleben. Menschen können in dem Maß solidarisch sein, als sie selbst Solidarität geschenkt bekommen. Sie können nicht *mehr* Ängste und Unsicherheiten aushalten bzw. bewältigen, als ihnen Vertrauen geschenkt wird und sie Vertrauen schenken können, sei es in der Beziehung mit anderen Menschen, sei es dagegen oder darüber hinaus in der Spiritualität von Gott her. Hier kann der Gottesglaube zu einer unerschöpflichen Ressource des Geliebtseins werden. Mit dem Vertrauen Gottes im Rücken kann es Menschen gelingen, über ihren eigenen Schatten, über ihr Scheitern und über ihre Grenzen hinaus wieder in sich Vertrauen zu setzen, weil Gott sein Vertrauen nicht zurückzieht. In der Verkündigung kommt alles darauf an, dass die Gläubigen diese Gnade nicht für sich und für die anderen verdunkeln müssen.

So sind die Christinnen und Christen und die Kirchen gefragt mit der Verkündigung der Gnade genauso wie mit der Verkündigung eines klaren Anspruchs an christliche und kirchliche Solidarität in diesem Zusammenhang: Theologie und Pastoral als Orte zu erleben, wo sich die Menschen nicht permanent als „Zukurzgekommene" erfahren, weil sie sich in der unendlichen Anerkennung und Liebe Gottes getragen wissen. Denn nur als Beschenkte können Menschen fähig werden zu Verzicht, zur Hingabe und zum Opfer. Es geht also nicht nur darum, den Eigennutz nicht zu steigern, sondern das, was man an eigenem Nutzen schon besitzt, möglicherweise zu Gunsten allgemeiner Verbesserung abzubauen. Das geht nicht mit nackten Forderungen oder mit moralisierenden Anwandlungen.

Dann *können* Christen und Christinnen die Ichstärke aufbringen, nicht nur die Dazugehörigen, sondern auch die anderen in den Radius ihrer Solidarität aufzunehmen. Und sie können ihr Leben verändern, weil es aus dieser Beziehung heraus ihr eigenes Anliegen wird. Aufrufe allein geben keine Kraft und machen defensiv. Deswegen ist es von so elementarer Bedeutung, dass in der zwischenmenschlichen wie auch in der Gottesbeziehung etwas von dem erfahren wird, was Paulus die Rechtfertigung der Sünder und Sünderinnen nennt, nämlich ihre unbedingte Aufnahme in die Liebe.

Staaten und Staatengemeinschaften, die Menschlichkeit, Gerechtigkeit und Solidarität auf ihre Fahnen schreiben, müssen darauf bestehen, dass Religionen weder Ausgrenzung noch Gewalt motivieren, legitimieren und verschärfen dürfen. Am Kriterium der Menschlichkeit, wie es im besten Selbstbewusstsein menschlicher Gesellschaften mit und ohne Aufklärung vorhanden ist, haben sich die Religionen zu bewähren. Die Menschenwürde bleibt also ein „Zeichen der Zeit", in dessen kritischem Horizont die christliche Botschaft und darin besonders die Bibel Autorität gewinnen oder aber an Bedeutung verlieren.[72]

Inhaltlich sind die biblischen Texte diesbezüglich sehr unterschiedlich und zeigen beides: die Vernichtung der Freiheit anderer genauso wie den bis zur Hingabe gehenden Einsatz für sie. So haben christliche Kirchen in Südafrika die gewalttätige Apartheid der burenstämmigen Weißen bibeltheologisch (nämlich mit den erwählungsausschließenden[73] biblischen Texten) als Bestandteil des eigenen christlichen Glaubens legitimiert.[74] Und so kocht die gewalttätige Siedlungspolitik fundamentalistischer jüdischer Kreise ähnliche Texte zur Begründung ihrer abgrundtiefen Menschenverachtung gegenüber den Palästinensern auf.[75] Andreas Michel ist beizupflichten: „Wer … die Texte von Gott und Gewalt fundamentalistisch liest, gar als Anleitung zu eigenem Gewalthandeln, bewegt sich weder auf dem Niveau der Texte noch auf dem der modernen Reflexion. Wer sie hingegen nicht wahrnehmen will, kann ihnen zu entfliehen versuchen – vielleicht so lange, bis die in den Texten verdichteten Gotteserfahrungen ihn oder sie finden."[76] Letztlich sind alle Verharmlosungen dieser Texte eine Geringschätzung der dunklen Seiten des Menschen. Jean-Pierre Wils trifft den Tatbestand, wenn er dafür plädiert, immer die Erinnerung daran wachzuhalten, „dass unter der Eisdecke der Zivilisation ein gähnender Abgrund von Bestialität und Gewalt klafft. Vielleicht beginnt die fundamentalste und wichtigste Korrektur dieser Allgegenwart der Gewalt dort, wo das Wissen um die gewalttätige Natur des Menschen keiner abstrakten Philanthropie geopfert wird.“[77] Diese Allgegenwart der Gewalt gibt es bereits im Gottesglauben selbst. Und auch hier darf das entsprechende Wissen nicht einem reinen Glaubensbegriff geopfert werden.

Deshalb orientiert sich die pastorale Perspektive an der gesteigerten Menschlichkeit und Erlebbarkeit der Menschenwürde, mit der Voraussetzung, dass genau dies die Option, also die praxisbezogene Grundentscheidung, des christlichen Glaubens ist, auch wenn es diesbezüglich gegenteilige Schrifttexte gibt, die dann entsprechend zu korrigieren sind[78] aus der Perspektive jener anderen Texte in den Heiligen Schriften, in denen Gott auf der Seite der Kleinen steht, sie in die Mitte stellt und ihr Wort wichtig macht.[79]

Die Bibel legt sich also wie bereits in Kap. 7.2 erörtert, nicht selber aus, sondern legt sich im Kontakt mit jenen Sehnsüchten, Problemen und Prioritäten aus, mit denen Menschen und Gemeinschaften auf sie zukommen. Solche Optionen für die Armen, für die Jugend, wie sie aus der Theologie der Befreiung bekannt sind, kommen aus dem Bereich der Pastoral und haben gegenüber der Bibel eine eigene normative Kraft.

Die Frage nach den *Kriterien*[80] konzentriert sich also nicht nur auf biblische Vorgaben, sondern kann sich auch auf bestimmte Vorgaben in einer gesellschaftlichen Gegenwart beziehen, welche es verhindern können, dass biblische Texte nachgeahmt werden, die unterhalb des Humanitätsniveaus sowohl der angesprochenen gesellschaftlichen wie auch der besseren biblischen Vorgaben liegen. Die Entscheidung darüber, welche Kriterien nun gelten, liegt am Ende immer bei den Gemeinschaften, in denen Bibel und Gegenwart in Kontakt gebracht werden: von den kleinsten Sozialgestalten der Familie über die Gemeinde und das Bistum bis zum kirchlichen Lehramt in seinen unterschiedlichen Vollzugsformen.

4. Übungswege

Es geht um die Frage, ob Christi Geist in der Praxis der Menschen Wirklichkeit ist. Biblisch kann man auf das Markusevangelium verweisen, das damit endet, die Jünger und Jüngerinnen nach Galiläa und damit an den Anfang des Evangeliums und seiner praktischen Nachfolge zu schicken, damit sie in der praktischen Nachfolge Jesu verstehen lernen, worum es in ihr geht.[81] „Und er (Mose) nahm das Bundesbuch und verlas es vor dem Volk. Sie antworteten: alles, was JHWH geredet hat, wollen wir tun und wollen wir hören“ (Ex 24,7).[82] Das Tun geht dem Hören voraus. Von daher zeigen sich die Kirchen als die sozialen Ermöglichungs- (oder Verhinderungs-)bedingungen einer Praxis, welche zu entsprechenden Maßstäben im Umgang mit der Bibel wie auch im Umgang mit der Gegenwart führt. Darin entscheidet sich dann auch, ob eine kirchliche Gemeinschaft fähig ist, biblische Texte so wahrzunehmen, dass sie der eigenen Wirklichkeit widersprechen und Umkehr ermöglichen.[83]

Der Philosoph Peter Sloterdijk ist in seinem Buch „Du musst dein Leben ändern“ den Übungen zur Verhaltensänderung nachgegangen. Der Akrobat oder Asket, der sich in die Übung hineinbegibt, bewegt sich zumindest teilweise aus dem Bisherigen heraus, um „neue Formen“ zu erfinden. „Ein anderer Zyklus … mag beginnen, um Menschen erneut herauszuführen – wenn schon nicht aus der Welt, so doch aus der Stumpfheit, der Niedergeschlagenheit, der Verranntheit, vor allem aber aus der Banalität …“[84] Nur übende Menschen können auf die Gegebenheiten dann wiederum so einwirken, dass effektive Lösungen für globale und lokale Probleme gefunden werden können.[85] Auch wenn nach Sloterdijk die Religionen durch ihre Fixierung auf ihre eigenen Organisationen und Herrschaftsbereiche längst diesbezüglich versagt haben und vor allem gegenwärtig versagen, den Menschen mit der entsprechenden Ich-Stärke für den Übungsweg auszustatten, sei hier weiterhin die Hoffnung ausgedrückt (ohne der Religionsanalyse Sloterdijks heftig widersprechen zu können): Gerade Religionen *können* für die Zukunft ein ausgezeichneter Ort für den angesprochenen Verhaltenswechsel in die gesellschaftliche Verantwortung hinein sein, wie sie es auch in der Vergangenheit für viele Menschen immer wieder gewesen sind.[86]

Es wird die Zukunft der Religionen erweisen, ob diese Hoffnung gerechtfertigt ist. Innerhalb der katholischen Kirche beispielsweise ginge es darum, dass die Wegweisung des Zweiten Vatikanums nicht nur zugunsten der Kirche, sondern zugunsten der Welt die Zukunft bestimmt. Dann gäbe es auch weiterhin die Hoffnung, die

Überstiegsdynamik des Übens mit aller Vorsicht in eine darüber hinausgehende Transzendenz in Verbindung zu bringen, die die Spuren der Orientierung und ihre Vernetzung im unendlichen Geheimnis einer am Ende rettenden Liebe zu denken vermag.

5. Religiöse „Illusion“: ein Zukunftsvorteil?

Man kann mit einem auf Gott und Unsterblichkeit verzichtenden Philosophen wie Thomas Metzinger gut darüber sprechen, dass die Evolution der Illusionsfähigkeit, die in der Menschheit stattgefunden hat und ein Überlebensvorteil war und ist, eine aufbauende Gestalt annimmt: „Kann es eine ideologiefreie ... Form von Spiritualität geben?“[87] Und: „Macht die spirituelle Praxis einen Menschen moralischer? Altruismus zeichnet angeblich ja auch die Heiligen aus.“[88] Für Metzinger ist allerdings der Glaubensbegriff zu nah an der verordneten Glaubenslehre der religiösen Institutionen angesiedelt und damit negativ aufgeladen, während der Begriff der Spiritualität jene Dimension in der „Illusion“ meint, die sich positiv auf die Selbsterfahrung der Menschen und auf ihr ethisches Handeln auswirkt. Denn die Glaubenssysteme sind nach Metzinger Quellen von Leiden für die Nichtdazugehörigen: „Denken Sie nur daran, wie verletzlich wir doch sind. Ständig versuchen wir, unser Selbstwertgefühl hochzuhalten, etwa indem wir anderen die Anerkennung verweigern.“ Insbesondere religiöse Glaubenssysteme züchten solche ausschließlichen Selbstwertgefühle für eine ganz bestimmte Gruppe. „Manche Formen der Selbsttäuschung funktionieren nämlich nur in Gruppen richtig gut."[89] Derart ist hinsichtlich des Glaubens zu argwöhnen: „Die ganz grundsätzliche Frage, ob wir in Zukunft ohne Glauben auszukommen vermögen, bleibt allerdings offen. Ich selbst bin da eher pessimistisch. Können Menschen das Richtige tun, ohne auf eine Belohnung zu hoffen? Es zu lernen, wäre eine große Herausforderung."[90] Hier verbindet Metzinger den Glauben mit der Belohnung für diejenigen, die aus einem bestimmten Glauben heraus das Richtige tun und gleichzeitig annehmen, dass diejenigen, die nicht aus diesem Glauben heraus das Richtige tun, keine Belohnung bekommen. Wie aber, wenn im Glaubensvorgang selbst der Ausschluss der anderen zersprengt würde, wenn darin selbst die gruppenbezogene Belohnung aufgebrochen würde? Dann hätte ein solcher Glaube mit jener guttuenden Illusion zu tun, die Metzinger „Spiritualität" nennt.

Die menschliche Fähigkeit zur Illusion, zum „Einspielen" oder „Einleuchten" phantasievoller anderer Möglichkeiten in die jetzigen Verhältnisse und darüber hinaus, ist ein notwendiger Evolutionsvorteil der Menschheit, der umso not-wendender ist, als sich die vor allem auch religiösen Verwirklichungen der Illusionskraft nicht für alle als notwendig erklären und derart nur ihre eigene Herrschaft darwinistisch durchsetzen wollen.

Die Basis künftiger religiöser Verbindlichkeit ist also nicht vereinheitlichende Glaubensintegration, sondern freiheitsatmende Vernetzung im Zusammenhang einer Bindung an ganz bestimmte Inhalte und Haltungen, die ihrerseits niemanden aus der menschlichen Solidarität und dem göttlichen Heil ausgrenzen und *als solche* scharf unterscheidungs- und abgrenzungsfähig sind. Für die Gesellschaft und ihre solidarische Zukunft und für viele Menschen guten Willens werden künftig nur solche religiösen Gemeinschaften interessant sein, die nicht bereits in ihrem Glaubensstil entgrenzte Solidaritäten blockieren.

Es geht nie mehr um Mitgliederwerbung für den „Verein“ Kirche, sondern darum, die Solidarität der Menschen in und außerhalb der Kirchen nicht von ihrem Ermöglichungsgrund abzulösen: von der Gnade Gottes; aber zugleich diesen Ermöglichungsgrund nie zu einem Bedingungsgrund werden zu lassen, weder nach innen noch nach außen. Deshalb darf die Solidarität nie eingestellt werden, weil und wenn mit ihr für die Glaubensverbreitung nichts zu erwarten bzw. wenn dabei mit Nicht- und Andersgläubigen, auch mit Glaubensgegnern, um einer bestimmten Solidarität willen zusammenzuarbeiten ist.

9. Triebunterbrechung im „Hinhalten der Wange" (Mt 5,39)

1. Imagination als Freiheitsgewinn

In der oben bereits zitierten Fernsehsendung „Abenteuer Forschung" berichtet Harald Lesch von einem anderen Experiment: Die ultimative Verlockung für Kinder, nämlich Schokolade, wurde Grundlage für einen psychologischen Test. Vierjährige wurden vor die Wahl gestellt: entweder ein Stück Schokolade sofort oder einen ganzen Riegel, allerdings nur, wenn sie zehn Minuten darauf warten. Für die meisten Kinder war dies ein klarer Fall: Sie nahmen das kleinere Stück, aber eben sofort. Manche, etwa ein Drittel, nahmen die Herausforderung an und wählten die größere, aber verzögerte Belohnung.

Jahrzehnte später ergab sich für die Forscher ein überraschender Zusammenhang. Sie befragten die nun erwachsenen Testteilnehmer und stellten fest: Wer als Kind auf die Süßigkeit warten konnte, hatte später mehr Erfolg im Leben: eine höhere Bildung, einen besseren Job, weniger Übergewicht und Drogenprobleme, stabilere Ehen und mehr Freunde. Das einfache Experiment verrät Schlüsseleigenschaften, die eine gute Basis für ein entsprechendes Leben sind: Optimismus, also das Vertrauen, dass eine ungewisse Sache einen guten Ausgang haben wird, und Phantasie. Den Wartekünstlern gelingt es, sich von der Versuchung abzulenken. Sie beschäftigen sich irgendwie oder stellen sich vor, die Schokolade sei gar nicht echt. Und schließlich: Stresstoleranz. Für die Kinder ist das lange

Ausharren eine echte Krisensituation. Wer über Strategien verfügt, Stress gut zu verarbeiten, schafft die Tortur. Die kleinen Sieger im Schokoriegelorakel haben also beste Aussichten auf ein erfolgreiches Leben.

Genau das ist es, was die menschliche Kultur kennzeichnet: dass Menschen den primären biogenetischen Notwendigkeiten der Nahrung und der Sexualität, also des Überlebens des einzelnen Lebewesens bzw. der Gattung, gegenüber Distanz und sogar Negation anmelden können. Das Verhältnis von Mensch und Umwelt ist nicht auf die unmittelbare Bedürfnisbefriedigung beschränkt, sondern kann sich ganz anders äußern. So zeichnen den Hinduismus, Buddhismus, das Judentum, das Christentum und den Islam charakteristischerweise aus, auf eine Beherrschung dieser Bedürfnisse in Askese und Verzicht zu drängen.[91]

Vermittelt wird diese Fähigkeit durch Erinnerung und Imagination, die das direkte Erleben zeitlich und räumlich aufschiebt: Dann geht es nicht nur um die jetzige Ernährung, sondern um die Ernährung in der Zukunft, nicht nur um sexuelle Partnerschaft im Augenblick, sondern in einer gestaltbaren Zukunft. Ähnliches gilt für das mögliche Verhältnis von Aggression und ihrer nichtzerstörerischen, sondern produktiven Verwertbarkeit im Kontext einer entsprechenden Zivilisation.[92] Diese „Formbildungsmacht“ verwirklicht sich im Zeichen, in der Sprache, in der Kunst, in der Musik,[93] in entsprechenden Erdichtungen und Phantasien, aber auch in entsprechenden Hoffnungen darauf, dass hinter dem „Fiktiven“, nicht Sichtbaren, aber im Zeichen Vorstellbaren eine Wirklichkeit steht. Es handelt sich um eine „Morphogenese“ (Gestaltentstehung) eigener Art.[94]

Diese menschliche Fähigkeit und damit die Fähigkeit, Kulturen zu erschaffen, ist bis in die neolithische Zeit belegbar, also vor etwa 12000 Jahren.[95] Am Beispiel neolithischer Funde, Steinmarkierungen mit der Darstellung einer Hand neben einer Schlange, kommt Ludwig Morenz zu der Einsicht: „Sie bieten keine einfachen Abbilder, sondern das Dargestellte verweist über sich hinaus auf ein wesentlich Anderes."[96] Dieser Botschaftsaspekt hat vor allem apotropäischen (abwehrenden) Charakter, nämlich die Gefährlichkeit der Schlange mit der menschlichen Hand zu bändigen. Die Schutzschlange ist also ein Zeichen für die Hoffnung darauf, nicht von der Schlange gebissen zu werden und sterben zu müssen. Sie bewältigt derart Angst. Schlangen konfrontieren „durch die ständige Möglichkeit ihres unbemerkten Auftauchens die Menschen mit den elementaren Fragen nach dem Verhältnis zwischen dem Sichtbaren und dem jedenfalls aktuell nicht Sichtbaren, zwischen einerseits dem manifest Anwesenden und anderseits dem vielleicht latent, verborgen Anwesenden oder eben doch Abwesenden. Sie nötigen mithin die Menschen zur Aufmerksamkeit für kleine (An-)Zeichen, die auf etwas verweisen, was noch mehr ist oder sein könnte als das, was sich ihnen auf den ersten Blick zeigt."[97]

2. Wartezeit

Diese menschliche Kulturfähigkeit[98] findet in besonderer Weise Ausdruck in religiösen Vorstellungen. Vieles, was hier angesprochen ist, hat auch mit dem Glauben zu tun: zum Beispiel die Phantasie, das Vertrauen, dass eine ungewisse Sache einen guten Ausgang haben wird, das Aushalten einer Wartezeit und der Verzicht auf jetzige Bedürfnisbefriedigung zugunsten einer zukünftigen und größeren. Religionen haben überhaupt die vorzügliche Wirkung, aus dieser Erdenzeit nicht eine Endzeit, sondern eine Wartezeit zu machen, nach der noch etwas Besseres aussteht. Die Frage ist allerdings, ob dieses Bessere letztlich für alle oder nur für eine erwählte Schar gilt.

Klassisch dafür ist das Beispiel von der aufschiebenden Übertragung des direkten jetzigen Lohnes auf den künftigen Lohn im Himmel, wie sie in der Bibel und vor allem auch im Reden Jesu begegnet. Die Sehnsucht des Menschen, belohnt zu werden, wird weder unterdrückt noch sublimiert, sondern auf einen neuen, noch verborgenen, aber versprochenen und verheißenen Bereich hin gehoben, nämlich auf den Lohn Gottes im Himmel (s. u. Kapitel 10.1).

Diese Hoffnung ermöglicht ein Doppeltes: einmal die Beruhigung der Angst um Lohn, nämlich für etwas, was jetzt nicht belohnt wird, überhaupt nicht belohnt zu werden; zum anderen, jetzt positiv formuliert, die Hoffnung, für eine gute Tat, die jetzt nicht belohnt wird, ja sogar in die eigene Gefährdung führt, auf jeden Fall von einem viel Größeren, von Gott selbst belohnt zu werden. Möglich wird dieser umgestaltende Aufschub, also diese Transformation, durch Erinnerung und Imagination, durch die Erinnerung entsprechender Geschichten in der Bibel und durch die Imagination, dass diese Geschichten auch jetzt und für alle Zukunft gelten.

Ein anderes Beispiel, diesmal für den bereits erwähnten Aufschub von Aggressionen, sind eine Reihe von Texten, wie insbesondere die Fluchpsalmen.[99] In diesen Psalmen, die zum Gebetbuch Israels und der Kirche gehören, kann ein betender Mensch nicht anders, als aus Hass und Wut Gott anzurufen, dass er die Feinde zerstöre: „O Gott, zerbrich ihnen die Zähne im Mund! Zerschlage, Herr, das Gebiss der Löwen! Sie sollen vergehen wie verrinnendes Wasser, wie Gras, das verwelkt auf dem Weg ... Gott fege die Feinde hinweg, ob frisch, ob verdorrt“ (Ps 58,7–10). In der tiefsten Bedrängnis oder auch im tiefsten Hass oder in beidem nimmt hier ein Mensch Beziehung zu Gott auf, um ihn in heftigen Bildern dazu aufzurufen, die Feinde zu vernichten. Gott soll ihnen Gewalt antun, er soll die Aufgabe der Rache übernehmen. Unglaubliche Wut bahnt sich in diesem Text den Weg und wird im Aufruf der Gewalt Gottes zugleich dazu bewegt, die eigene Gewalt an ihn zu übergeben und ihm das Monopol der Gewalt zu lassen.

Der betende Mensch wünscht sich die Vernichtung der Feinde, aber er betreibt sie nicht selbst. Sicher, Fluchpsalmen sind nicht gerade die niveauvollste Form biblischer Spiritualität, aber die notwendigste. Denn sie verhindern im Augenblick höchster Gefahr die eigene Gewaltanwendung, lassen dem Hass in die Beziehung Gottes hinein freien Lauf, lassen ihn darin „auslaufen“. Dabei ist die Gefahr im Auge zu behalten, dass solche Texte den Hass noch steigern und zur Gewalt führen können. Aber genau dies ist in den Fluchpsalmen nicht angelegt und findet darin keine Begründung. Vielmehr führen die Texte, wenn man sich führen lässt, in einer bestimmten gewaltgefährlichen Situation dazu, das Schlimmste zu verhindern und vor allem die Erstreaktion zu blockieren. Wer noch nicht so weit ist, seine andere Wange hinzuhalten, wird wenigstens im Gewaltaufruf Gottes die eigene Gewalt hintanstellen. Aber wird dann die Gottesbeziehung nicht für die

Triebabfuhr des Menschen instrumentalisiert? Aber vielleicht will Gott sich gerade in diesen geschichtlichen Dienst stellen?

Bedingung dafür ist selbstverständlich, dass nicht nur die Ohnmächtigen, die gar nicht Gewalt ausüben *können*, diese Psalmen beten, sondern auch die Mächtigen, die der Gewalt mächtig wären, die aber ebenfalls im akuten Zustand des Hasses und der Rache Gottes Gewalt aufrufen und nicht ihre eigene verwirklichen. Wer Fluchpsalmen gegen diese ihre Sinnrichtung beansprucht, wer sie benutzt, um die eigene Gewalt zur Unterdrückung anderer zu verschärfen, den trifft selbst der Fluch, den er ausspricht. Und das Gebet wird zur Blasphemie gegenüber dem Gott, der den Raum seiner Beziehung sogar dafür hergibt, dass auch der hassende Mensch der Gewalt zu entsagen vermag, im kritischen Augenblick Gott zur Vernichtung aufruft, aber *letztlich* ihm überlässt, was er mit den Feinden tut.

So hat es keinen Zweck, ja es ist geradezu gefährlich, die Fluchpsalmen zu beseitigen, solange die Gewalt zwischen den Menschen nicht beseitigt ist. Im Christentum hat man die Fluchpsalmen unter dem Niveau der Ethik Jesu angesiedelt und damit aus dem spirituellen Bewusstsein abgedrängt. In der Tat befinden sie sich weit unterhalb der Ethik Jesu. Und die Christen *bräuchten* die Fluchpsalmen auch nicht, wenn sie auf dem Niveau der Ethik Jesu wären. Doch waren und sind sie dies nachgewiesenermaßen mehrheitlich nicht. So hat man diese Texte vergessen und gleichzeitig vergessen, auch noch in der höchsten Not bzw. in der tiefsten Gewaltversuchung die Gewalt an Gott abzugeben. Die Christentumsgeschichte zeigt vielmehr, dass man sie tausendfach selber gegen die anderen, zu deren Unterdrückung und Vernichtung eingesetzt hat. Das eigene Überleben bzw. Machstreben war dann immer wichtiger als das Überleben bzw. das gerechte Wohlergehen der anderen.

Hier geht es nicht nur um Texte im Alten Testament, sondern auch im Neuen. Paulus radikalisiert diesen Zusammenhang in Röm 12,17–21. Der Text lautet: „Vergeltet niemand Böses mit Bösem! Seid allen Menschen gegenüber auf Gutes bedacht! ... Rächt euch nicht selber, liebe Brüder, sondern lasst Raum für den Zorn (Gottes); denn in der Schrift steht: Mein ist die Rache, ich werde vergelten, spricht der Herr. Vielmehr: Wenn dein Feind Hunger hat, gib ihm zu essen, wenn er Durst hat, gib ihm zu trinken; tust du das, dann sammelst du glühende Kohlen auf sein Haupt. Lass dich nicht vom Bösen besiegen, sondern besiege das Böse durch das Gute.“[100] Die Aussicht auf die Rache Gottes verhindert nicht nur Gewalt, sondern ermöglicht in ihrem Rücken die Feindesliebe, genauer Taten der Feindesliebe, die aber letztlich endzeitliche Taten des Feindeshasses sind. Auch hier findet sich gewiss nicht die Höchstform von gewaltabrüstender Motivationsarbeit. Immerhin begegnet damit eine biblische Version, mit Gewalttexten und der Gewaltsucht der Menschen umzugehen, und zwar so konstruktiv, dass jedenfalls *menschliche* Gewalt die Menschen nicht mehr erreicht. Und dann ist es immer noch einmal eine Frage, wie die Überantwortung an die Rache Gottes in der Gnade Gottes selber aussieht. Letztlich wird das Ganze seiner Verfügbarkeit und letztlich auch jenem Rechtfertigungshandeln Gottes übergeben, das Paulus so intensiv zu vertiefen wusste, so dass Ähnliches auch für Röm 14 anzunehmen ist: dass die „feurigen Kohlen“, die die Menschen auf ihre Feinde durch gute

Taten ansammeln, in Gottes Hand zum Reueschmerz der Täter zu werden vermögen als Folge des universalen endzeitlichen Rechtfertigungsgeschehens.[101]

Nach diesem Gedankengang bleibt unter dem Strich, dass der Mensch in keinem Fall selbstherrlich die Gewalt in die eigene Hand nimmt. Denn selbst wenn Gottes innergeschichtliche Gewalt ernst genommen wird, wird sie in Bezug auf ihn und von ihm her ernst genommen und kann nicht unter der Hand von den Menschen selber beansprucht werden.

10. Wunschübertragungen

1. Geöffnete Sehnsucht

Ein Zeichen, wie etwa ein Wort, besteht aus dem Bezeichneten und dem Bezeichnenden. So wird ein bestimmtes Tier mit einem *bezeichnenden Wort*, zum Beispiel *Esel*, bezeichnet. Dies ist der erste Zeichenzusammenhang, der sich auf reale Wirklichkeiten bezieht. Der zweite entsteht dadurch, dass das Wort nicht mehr ein Tier, sondern einen Menschen kennzeichnet. Das widerspricht natürlich jeder tatsächlichen Erfahrung. Denn der Mensch ist kein Tier. Dazwischen liegt eine ganz bestimmte Operation, eine metaphorische (übertragende), in der ausgewählte Erfahrungsmerkmale (etwa dass Esel angeblich störrisch und dumm sind) nun auf einen Menschen angewendet werden. Im Endergebnis haben wir ein Zeichen (Esel), das nun einen Menschen beschimpfen soll.[102]

Ähnliches geschieht in biblischen Texten zum Beispiel mit dem Lohnbegriff: Im ersten Zeichensystem bezeichnet er das reale Geld, vielleicht auch einen Besitz. Im zweiten Bereich wird das Zeichenergebnis des ersten Bereiches (Lohn) zum Ausgangspunkt für eine neue „Welt": Lohn bezeichnet nun nicht mehr das diesseitige Geld, sondern die Schätze im jenseitigen Himmel. Das Lohnhafte geht mit dieser Umwandlung von der Realität in die Phantasie des Glaubens nicht verloren: Sein Wert steigert sich in diesem Vorgang eher ins Unendliche. Aber das Bezugsfeld dieses Lohnes hat sich völlig verändert: Es sind die künftigen Schätze im Himmel. Auch im zweiten Bedeutungbereich geht es um einen Nutzen für das eigene Tun, für jenes Tun, das im ersten Bereich keinen Nutzen oder gar Gefahr bringt. Der Wahrheitsanspruch trennt nicht den Nutzen von der Wahrheit, sondern den kleinen vom großen Nutzen, insofern es wahr ist, dass der zweite Nutzen mehr wert ist als der erste.

Die Sehnsuchtsenergie wird dabei nicht gestoppt oder verdrängt, sondern umgewandelt und gesteigert. Das Evangelium achtet die menschliche Sehnsucht, wie auch die Kirche die Bedürfnisse der Menschen entsprechend achten sollte. Dann geht es nicht immer nur und nicht zuerst um den von der Kircheninnenseite selbst vorgegebenen Bedarf, sondern um den Bedarf der Menschen, darin auch um ihre Möglichkeiten und Fähigkeiten. Es handelt sich um eine Erfüllung der Sehnsucht auf einem anderen Niveau, in der Verschiebung auf eine andere Zeit und auf eine andere Welt, die jetzt entsprechenden Verzicht zur Folge hat und auch dazu befähigt und Kraft gibt. Die Triebenergie wird also umgeleitet vom Geldlohn auf den Gotteslohn, gewinnt darin eine unerschöpfliche Steigerung und wirkt sich von daher als Relativierung, also Neubewertung irdischer Lohnverhältnisse aus. So sehr kann diese Relativierung gehen, dass sie auf irdische Lohnverhältnisse völlig verzichten kann. Dass solche Bibelstellen jahrhundertelang zur Ausbeutung gläubiger Menschen missbraucht wurden, belasten auch diese Gedanken mit hoher Ambivalenz. Hier geht es um die mögliche Spiritualität in einer freien Entscheidung von Menschen, die sich aus ihrem Innersten heraus solcher Hoffnung öffnen.

Der irdische Lohn würde umgekehrt zum Götzen, würde er letzte Bedeutung gewinnen. Wohingegen der göttliche Lohn in sich die Dynamik enthält, alle Lohnvorstellungen in das unerschöpflich überraschende Wesen Gottes hinein zu übersteigen. Diese Dynamik spiegelt sich in der Spiritualität des Glaubens dadurch, dass Gott seine Verheißungen nochmals ganz anders zu erfüllen vermag, als Menschen es sich vorstellen können, wie oft in der biblischen Prophetie.[103] In der Fluchtlinie dieser Dynamik liegen dann jene glückseligen Augenblicke, in denen der Mensch nicht mehr auf Lohn angewiesen ist, auf Lohn verzichten kann, jedenfalls die Frage danach vollkommen in die Hand Gottes zurücklegt, weil nicht der Lohn, sondern diese Beziehung zum allmächtigen und unendlich gütigen Gott schon alles in sich enthält.[104]

2. Gabe für das Gebenkönnen

Derart öffnet sich der „Lohn" für seine eigene Entäußerung in das Geheimnis Gottes hinein, wobei das „Entäußern" ein Loslassen in die Unendlichkeit der Versöhnung und Liebe Gottes hinein bedeutet. Auch hier wird die Sehnsucht danach, dass Gott das Leben der Menschen nicht gleichgültig ist, weiterhin aufgenommen, aber in eine Sphäre hinein umgestaltet, die ohne jede Berechnung bleibt, weil sie die Beziehung für wichtiger erachtet als ihren Nutzen.

Gott ist letztlich wertlos für Tauschgeschäfte, und zwar aus zwei Gründen: Erstens aus dem Übermaß an Liebe heraus, die aus jetziger Sicht möglicherweise als Ungerechtigkeit erscheint, was aber nichts anderes ist als ihre Dynamik, noch größer und noch mehr zu sein, als Menschen es sich erdenken und „erbildern" können. Und zweitens aus dem Übermaß an Versöhnung heraus, das zwar den Gerechtigkeitsaspekt nicht zuschanden werden lässt, das diesen Aspekt aber so vollkommen verwirklicht, dass darin quantitatives Aufrechnen überholt wird. So ist Christen und Christinnen die Hoffnung geschenkt, dass die Sehnsucht nach Lohn, Gerechtigkeit und Barmherzigkeit „auf eine Quelle verweist – ein Quelle, die ihrerseits nicht einfach ein ‚Durstlöscher' ist, sondern letztlich noch mehr und anderes als nur das, was der Durst als Sehnsucht ausmalt"[105].

Was hier angestrebt ist, ist eine „Ertragssteigerung" der Schätze im Himmel, die unter den beiden biblisch gegebenen Voraussetzungen durchaus legitim ist: Die erste Voraussetzung besteht darin, dass man damit nicht nur niemandem im ersten Bedeutungssystem schadet, sondern Nächstenliebe und Solidarität so weit wie möglich, oft bis zum Äußersten, vorwärtstreibt. Die zweite Bedingung besteht darin, dass mit dieser Hoffnung nicht rechnerisch kalkuliert wird, sondern dass sie auch noch einmal in das Geheimnis Gottes hinein abgegeben wird: Es gibt eine Gerechtigkeit, aber sie ist größer und wieder ganz anders, als Menschen sie sich jemals vorstellen können. Die Sehnsucht nach ausgleichender Gerechtigkeit wird gestillt werden, aber zugleich so, dass sie überhaupt nicht auf Ausgleich angewiesen ist. Diese Dialektik ist schlechterdings kaum vorstellbar, nimmt aber beides gleichermaßen ernst: die menschliche Sehnsucht nach Lohn und Gerechtigkeit und die Unverfügbarkeit Gottes auch und besonders in diesem Bereich.

Das Gleichnis von den Arbeitern im Weinberg (vgl. Mt 20,1–16) zeigt deutlich, dass im Bereich des Lohnes Berechnungen nicht möglich sind, dass vielmehr von Seiten Gottes mit Überraschungen zu rechnen ist. Die

Quantität wird durch die Gabedynamik gebrochen. Dies ist nicht sehr eingängig; es handelt sich um eine klare Durchbrechung der Gerechtigkeit. Denn wenn es einen gerechten Gegenwert für Geld und Lohn gibt, dann ist es Arbeit, und zwar an Schwere und Zeit in unterschiedlicher Weise belohnt. Mit reeller Arbeit ist das Geld mit einer realen Wirtschaftsleistung gedeckt. Es funktioniert dann weder als Zins noch als Geschenk, sondern als Tauschmittel. Doch führt die Geschichte einen über die Arbeit hinausgehenden Tauschausgleich ein, nämlich das Leid, das die Tagelöhner dadurch haben, dass sie aufgrund vorhandener Ungerechtigkeitsverhältnisse nicht zur Arbeit abgeholt werden und ihre Familien am Abend nichts zu Essen haben. Nicht nur Erleistetes, sondern Erlittenes ist „etwas wert". Das Warten der anderen auf Arbeit über die Hitze des ganzen Tages ist eine „Arbeit" eigener Art (in der Angst um Arbeit und um die Möglichkeit, sich und die Seinen zu ernähren), die in die Lohngerechtigkeit des Weinbergbesitzers uneigennützig aufgenommen und, obgleich nicht seinem eigenen Weinberg zugutekommend, mitbelohnt wird. Dies ist nicht zuletzt auch eine interessante sozialpolitische Sicht dieser Situation.

Man wird sich also auf eine Dynamik einzulassen haben, die unsere eigenen Gerechtigkeitsvorstellungen zwar nicht zuschanden werden lässt, aber in einer viel vollkommeneren Weise einlöst, als Menschen es jetzt begreifen können. Für diese Dynamik steht diese Geschichte! Gerade deshalb darf man damit „rechnen", dass Gottes Unberechenbarkeit nicht willkürlich ist, sondern als immer noch größere Liebe erfahrbar wird, in der auch jene Hoffnung erfüllt wird, dass Gottes Möglichkeiten unendlich weit über das hinausgehen, was sich Menschen ersehnen können.

Es gibt innerhalb der Spiritualität, insbesondere im Gebetsleben des Gotteslobes der Anbetung und der Doxologie, im Lobpreis des unendlichen und geheimnisvollen Gottes, eine Dynamik, die die Symbolisierungen immer mehr verlässt und am Ende nur noch schweigend Gott anzubeten vermag, in seiner unendlichen Nichtbegrifflichkeit, in seinem Ganz-anders-Sein. Dies ermöglicht ein unabschließbares Kommen und Gehen[106] der vorläufig einholbaren und dann immer wieder neu fliehenden Namen Gottes, bis zu der Erfahrung Gottes als reiner Gabe in seinem Angesicht am Ende der Zeiten. Zwar ist auch in der Religion die reine Gabe nicht möglich, immer ist Gabe, auch die letzte Hingabe, mit einem, wenn auch leisesten, Wenn-Dann in der Hoffnung darüber hinaus verbunden,[107] aber ein schrittweises „immer mehr“ in die Unendlichkeit der Gabe hinein kann in der Religion begonnen werden, ohne dass die lebensdienlichen Vorstufen dazu missachtet werden müssten.

Der religiöse Fundamentalismus kennt diese Bedeutungsstufe, die alle Bedeutung am Ende an Gott abgibt, kaum. Er will sie lieber festhalten. Zwar gibt es auch hier ein Gotteslob, aber es ist das Lob des Gottes, der so handelt, wie es sich die Menschen vorstellen. Die Kontrollierbarkeit der Beziehung lässt dem Vertrauen und der Offenheit (Gott, Menschen und der Zukunft gegenüber) keine Chance mehr. Die Angst vor „Heilsverlust“ zersetzt die Erfahrung des Heils, wenn sie um sich selbst kreist und sich nicht ins Vertrauen hinaus befreien lässt. Gott wird dann selbst Opfer der Heilsangst und ihm wird die Unerschöpflichkeit an Zuneigung und Anerkennung den Menschen gegenüber nicht mehr zugetraut, sondern paradoxerweise begrenzt: indem Menschen selbst zwanghaft sicherstellen wollen, wie Gottes Handeln gegenwärtig und zukünftig aussieht. Und weil man in einem solchen Glauben so viel leisten und auf so viel verzichten muss, kann man es den „Ungläubigen“ nicht gönnen, dass sie auch ohne diesen Lebensverlust selig werden. Wozu hat man sich dann abgemüht?

Wer derart in unfehlbarer Weise von Gottes Willen und des Menschen Sollen zu reden weiß, dem fließt Macht von Seiten derer zu, die mit ähnlichen Problemen zu kämpfen haben. Unter der Hand entpuppt sich das Bescheidwissen darüber, was Gott und die Welt zusammenhält, als Herrschaftswissen, das entsprechend trennt zwischen richtig und falsch, gut und schlecht, zwischen Dazugehörigen und Draußenstehenden. Das „Chaos“ der Unwägbarkeiten und Frag-Würdigkeiten ist gründlich eingedämmt: durch überweltliche und weltliche Ordnungskräfte, die alles schwarz auf weiß beweisen und die Welt weiß auf schwarz einteilen helfen. Was für eine Versuchung angesichts der anwachsenden Komplexität und Mobilität des menschlichen Lebens in allen Bereichen, wenigstens *eine* Plattform zu haben, wo alles ebenso einfach wie zweifelsfrei „klar“ ist! Und ohne Zweifel wird hier nicht nur Angst verstärkt, sie wird gleichzeitig auch sortier- und bewältigbar. So genügte in der traditionellen Bußkatechese in der Beichte die unvollkommene Reue aus Angst vor Gott, während die vollkommene Reue aus Liebe zu Gott geschieht. Es ist an der Zeit, in den Raum *der* Liebe einzutreten und eintreten zu lassen, die Gott vollkommen für die Menschen bereithält.

3. Glaube ohne Bedingung

Kann christlicher Glaube vielleicht in seiner Spiritualität so weit gehen, dass er mit der Unbegreiflichkeit Gottes sich selbst gegenüber letztlich auch die radikal selbstlose Offenheit mitdenkt, von Gott nicht mehr in ein neues Leben aufgenommen zu werden? Ist dies die menschlich bedingungslose Antwort auf das bedingungslose Geschenk des Lebens, auf die reine Gabe, die in Gott und als Gott geglaubt wird? Könnte dies sogar denkbar sein auf dem Hintergrund jener Hoffnung, die den tiefsten Abgrund Gottes als unendliche Liebe glaubt: Ist es vielleicht die radikalste selbstlose Liebe, in dieser Hingabe nichts mehr für sich zu erwarten? So dass sich die Selbstlosigkeit auch auf all das bezieht, was im Evangelium mit „Lohn im Himmel" verbunden wird? Ist dies der letzte menschliche Liebesakt, von Gott auch diesbezüglich nichts zu erwarten? Diese Selbsthingabe würde dann jener Gabe ähnlich werden, die insofern göttlich ist, als sie reine Bedingungs- und Absichtslosigkeit ist, und dies in alle Ewigkeit.

Auch Karl Rahner hat in seiner Theologie diese Kante zwischen Selbsthingabe und Selbstverlust, zwischen ewiger Seligkeit und ewigem Tod,[108] zwischen Unbegreiflichkeit Gottes und seiner Absurdität berührt. Er weiß um diese gefährliche Nähe, insofern er die andere Seite dieser Kante, den Atheismus, der sich an der Absurdität des Leidens erzwungener Hingabe entzündet, als die einzig ernstzunehmende Form des Atheismus akzeptiert. Aber kann ein liebender Gott seine Gabe des Lebens tatsächlich vernichten? Würde Gott dann nicht zum Satan werden? Liegt nicht eher die Rettung des Lebens nahe, dass es eine neue Auferstehung gewinnt, in eine neue Zukunft hinein, weil ja sonst die ewige Dynamik der Selbsthingabe keine personale Basis mehr hätte? Was Rahner über die „glückselige Schau" im Himmel schreibt, verdeutlicht: Die Unbegreiflichkeit Gottes reicht in den Himmel selbst hinein, in der ewigen Dynamik, dieses Geheimnis als abgrundtiefe, nie endende Liebe zu erfahren. Als eine Liebe, die am Ende Selbstlosigkeit nicht in Existenzauslöschung münden lässt und sich darin eigentlich als endgültig vernichtende Kraft erweist, sondern die nicht nur aus Liebe zur Selbstlosigkeit, sondern aus Liebe zu denen, die selbstlos sind, deren Leben will, auch über den Tod hinaus und in Ewigkeit.

Außerdem blieben die Fragen nach Gerechtigkeit für die Opfer und für diejenigen, die ihr Leben für andere hingegeben haben, offen. Und es bliebe auch offen, ob jemals Menschen, die anderen vieles, oft alles und das Leben genommen haben, nochmals eine Chance gewinnen, den Mitschmerz für den zugefügten Schmerz als Gabe zu erleben. Und kann nicht die Ewigkeit als ein Raum gedacht werden, in der es ewig eine Steigerung gibt, in die Absichtslosigkeit und Bedingungslosigkeit der Liebe Gottes, gewissermaßen in sein Herz, hineingenommen zu werden, als ein ewiges immer Noch-glücklicher-Werden in Gott, und zugleich seine unerschöpfliche Gabe niemals erreichend?

Jedenfalls gilt Rahners Mahnung: Wenn die Menschen Gott Gott sein lassen, werden sie tatsächlich alles in die Unbegreiflichkeit Gottes hinein offenlassen, damit die Hoffnung auf die Treue Gottes nicht unter der Hand zu einem Wenn-Dann-Spiel wird. Erst auf der Basis dieser Gottesbeziehung kann an einen Gott geglaubt werden, der Gott ist und ewig bleibt.[109]

11. Notwendigkeit als Schein?

1. Kapitalistische Warenästhetik

Man könnte argwöhnen, was sich im gegenwärtigen Warenkauf ereignet, sei reine „direkte" Bedürfnisbefriedigung. Der französische Kultursoziologe Roland Barthes hat aber gezeigt, dass wir eine Kultur und Warenästhetik haben, in der es kaum noch Angebote und Waren gibt, die nicht in einem zweiten Bedeutungssystem „mythisch" aufgewertet wären und einen über den Warenwert hinausgehenden Bedeutungswert hätten. Wer nur nach Geld und Besitz strebt, strebt nicht nur nach Geld und Besitz, sondern nach all dem, was damit zu gewinnen ist: Freiheit, Unabhängigkeit, Herrschaft.

Diese Dynamik hat sich in den letzten Jahrzehnten einer kapitalorientierten Wissensgesellschaft verschärft.[110] In ihrem Buch „Kultmarketing. Die neuen Götter des Marktes" analysieren und interpretieren Norbert Bolz und David Bosshart[111] diese im Kapitalismus selbst explodierende Spiritualität seiner selbst.[112] Der Anspruch des Übersinnlichen und die Aura des Religiösen verbinden sich nun mit der Warenwelt, die z. B. zum Ausdruck für einen bestimmten sozialen Status wird: „Das Geheimnis der Ware hat nichts mit ihrem Gebrauchswert zu tun. Die Waren sind nicht einfach Dinge für den Konsum. Sie befriedigen nicht einfach ein konkretes Bedürfnis, sondern sie verkörpern Soziales ... analog zum Totem! ... Das Geheimnis der Ware und das Geheimnis der Religion sind dasselbe."[113] Die Autoren vergleichen den Dienst am Kunden mit dem Ritual des Gottesdienstes und adressieren damit den Kunden nicht nur als König, sondern als Gott. Derart wollen sie „die neuen Strategien des Marketings aus der Funktion der Religion heraus erklären“[114].

Indem die Produktions- und Verkaufsorganisationen der Kundschaft dienen, beherrschen sie sie aber auch zugleich – ähnlich wie der magische Kult, in dem die Menschen der Gottheit dienen, meist ohne sich bewusst zu werden, dass sie über die Wenn-Dann-Struktur der Magie die Gottheit entsprechend handsam machen und damit beherrschen. Die religiöse Funktion besteht also in einer Verführungsstrategie, die sich gleichzeitig verschleiert. „Der spirituelle Mehrwert eines Produkts soll es aus den qualitativ gleichwertigen Konkurrenzprodukten herausheben und zugleich den Verdacht betäuben, es sei nutzlos und überflüssig … Die postmoderne Werbung übernimmt die Funktion der Religion. Sie entfaltet die Spiritualität des Konsums.“[115] Auf Seiten des Kunden bzw. der Kundin bedeutet dies: „Ich lasse mich freiwillig auf die Missionierung meines Bewusstseins ein. Dafür steht die Bezeichnung Bekenntniskonsum …“[116] Manche können sich solchem Bekenntnis auch verweigern, wie jemand aus meinem Freundeskreis, ein älterer Herr, der, wenn er an den Überangeboten in den Kaufhäusern vorbeiging, zu sagen pflegte: „Ist das schön, was ich alles nicht brauche!“

Neid ist bei dem spirituellen Mehrwert der Ware die innerste Antriebsfeder: „Neid ist ein Supertabu unserer Gesellschaft … Von Neid darf nicht gesprochen werden – gerade weil er einer der mächtigsten psychischen Antriebskräfte der westlichen Kultur ist.“[117] Dieser Kapitalismus, der derart als Religion funktioniert, ist gnadenlos. Denn er entschuldet und entsühnt nicht, sondern verschuldet. Er hilft dem Leben nicht auf, sondern zertrümmert es, wenn es nicht mehr mithalten kann.[118] Die Risiken des Marktes sind extrem fahrlässig geworden.

Der angesprochene spirituelle Mehrwert kann vielfältige Wünsche befriedigen, im Bereich der Ästhetik, des elitären Status, des Erlebens von Abenteuer, von modischer Extravaganz, kann aber auch moralischer (etwa im Zusammenhang mit Spendenaktionen) und religiöser (z. B. verbunden mit kirchlichen Symbolen) Art sein. Diese Mythisierung des Geldes reicht weit in die Kulturgeschichte zurück. Mit jedem Konterfei des Imperators auf römischen Münzen zeigt sich eine ähnliche Kombination: zwischen dem Geld als Tauschmittel auf der einen und dem Geld als Symbolmittel für einen herrschaftspolitischen Zusammenhang auf der anderen Seite.[119]

2. Jenseits der Vernutzung

Die Autoren analysieren damit indirekt zutreffend, wie auch der Gottesglaube funktioniert, wenn er kapitalistisch, also mit Geld, Eigentums- und Besitzgewinn, vermarktet wird – ohne die Frage zu stellen, ob er dann nicht auch genauso nutzlos und überflüssig sei wie die Waren, die über die entsprechende Werbeästhetik gleichwohl verkauft werden müssen, damit der Konzern expandiert. Die Warenästhetik produziert eine Bedeutung der Waren, die quersteht zur tatsächlichen relativen Überflüssigkeit der Ware. Die glaubensferne Religionskritik geht dann mit Recht so weit, die religiöse Ästhetik als noch verlogener als die Warenästhetik wahrzunehmen, weil man in diesem

Fall doch immerhin eine, wenn auch oft überflüssige Ware bekommt, während der religiöse Aufwand nur die Illusion einer „Ware“ vorgaukelt.

Den Religionsbegriff, den Bolz und Bosshart gebrauchen, ist ein funktionaler. Religionen aber funktionieren zwar so, sie gehen jedoch mit ihren inhaltlichen Botschaften darin nicht auf, sondern warten mit einem nochmals über den spirituellen Mehrwert des Kapitals hinausgehenden spirituellen Mehrwert des Gottesglaubens auf, insofern sich Letzterer nämlich nicht einschränken lässt auf magische Tauschverhältnisse und insofern sein Geheimnis ein nie verfügbares ist. Wenn Bolz und Bosshart die spirituelle und religiöse Funktion in der postmodernen Warenästhetik darin sehen, dass damit der Verdacht betäubt wird, die Ware sei nutzlos, überflüssig (dass man sie also gar nicht zum Leben brauche) oder nicht gut zu gebrauchen, dann unterläuft ein Gottesglaube gerade diese Funktion, wenn er sich selbst als nutzlos und überflüssig ansieht. Und zwar in einem ganz bestimmten Sinn.

Denn die Hoffnung auf einen Gott, der am Ende und am tiefsten Grund des Kosmos als rettende Liebe erhofft wird, befreit Gott nicht von Unverständlichkeit, von seinen dunklen Seiten, die in der Bibel immer wieder beklagt werden. Gott selbst ist nicht gut zu gebrauchen. Diese „Ware“ funktioniert nicht nach Belieben und ist damit schlecht vermarktbar. Es handelt sich eher um eine ziemlich schwache Hoffnung, die allerdings im Glauben stark erlebt werden kann. Vielleicht ist deswegen der Aufwand der religiösen Ästhetik so immens, insbesondere in den Symbolen und Symbolhandlungen, weil die Hoffnung, die diese Ästhetik stark erlebbar macht, entsetzlich schwach ist.

Der Gottesglaube hat es gleichwohl nicht nötig, seine eigene Überflüssigkeit zu kaschieren, er kann vielmehr in Freiheit von sich sagen, dass er als Eigentum nicht verfügbar, unbrauchbar und damit nutzlos ist (siehe unten Kapitel 15). Es kommt allerdings alles darauf an, dass diese Schwachheit nicht durch flächendeckende Notwendigkeit des Glaubens wettgemacht wird, verbunden mit Bedingungen, die zu erfüllen sind, damit diese schwache Hoffnung durch die sich und andere bedrängende Leistung der Menschen wettgemacht wird. Vielmehr darf der schwache Weg selbst gegangen werden, der Weg der „Torheit" (vgl. 1 Kor 1,18), nämlich diesen vom Kreuz her „unmöglichen" Glauben für die Rettung aller Menschen zu leben.

Ein solcher Glaube ist dann keine Konkurrenz zum Kapitalismus als Religion, sondern sein radikales Gegenteil. Dieses Andere zu sein muss das Christentum aber noch lernen. Hier bricht die alte Frage, die Dietrich Bonhoeffer so beschäftigt hat, in neuer Form auf, nämlich inwiefern der Glaube Religion ist, inwiefern er dies auch sein darf, aber nur in der Dynamik, dass er ihr gegenüber auch etwas ganz anderes ist und sein kann. Wie sieht eine Pastoral der Nichtnotwendigkeit und zugleich der Faszination des Glaubens aus? Eine Pastoral zugunsten eines Glaubens, der nicht ausgrenzt und der Gott nicht zum Gegenstand macht, sondern in seinem/ihrem Namen die unendliche namenlose Weite einer unwahrscheinlichen unausdenkbaren unendlichen Liebe erhofft.[120]

12. Solidarität für alle Fälle

1. Glaube: geschenkt!

Solidarität ist das Geld, womit der Glaube bezahlt, ohne sich selbst auf jede Münze, die die Diakonie ausgibt, aufprägen zu müssen. Die Diakonie kommt ohne „kaiserliche Embleme“ aus. Dieses „Geld“ kann eine doppelte Deckung aufweisen: Ihr jetziger Erfahrungswert ist Einfühlung, Befreiung und Gerechtigkeit und ihr auf den himmlischen Schatz (vgl. Mt 6,19–20) bezogener Realwert ist in der Ein-Bildung der Glaubenshoffnung immens. Allerdings: Ähnlich wie die himmlische „Deckung“ nicht sichtbar ist, wie Gott in seiner Überweltlichkeit in der Welt überhaupt nicht sichtbar ist, so darf es auch der Glaube sein, unaufdringlich, als sei der Schöpfer darauf aus, aus der Schöpfung seine Gottheit heraushalten zu wollen. Sie kommt darin nicht als das vor, was Gott über Schöpfung und Menschheit hinaus ist. Alles ist so geschaffen, dass es ohne Gott auskommen kann, autonom, jedenfalls ohne seine ausdrückliche Benennung und Verehrung.

Wenn es nicht zu abwegig ist, sei just hier an die Seesturmgeschichte erinnert: Man kann Christus auch schlafen lassen, man muss ihn nicht für jede Situation, auch nicht für die gefährlichen, ausdrücklich wecken. Denn das Wichtigste hat er längst gesagt, und das gilt auch jetzt. Auch ohne diese Ausdrücklichkeit bleibt er im Boot und sorgt für Rettung. So ist er ausgesprochen ungehalten, als die Jünger ihn, vom Sturm nervös geworden, vom Schlaf aufwecken: Er nennt sie feige, weil sie zu wenig glauben (vgl. Mt 8,23–26).

Und kann nicht auch die Rede Jesu in der Bergpredigt bei Matthäus ähnlich wahrgenommen werden: nämlich sich beim Gebet nicht in die Öffentlichkeit der Straßenecken stellen, um damit (im damaligen Kontext) Ansehen zu gewinnen, sondern in die Einsamkeit der eigenen Kammer zu gehen, die Türe zuzuschließen und dann zu beten („dann bete zu deinem Vater, der im Verborgenen ist“, Mt 6,6)? Jedenfalls geht man mit dem Glauben nicht so um, dass man ihn für eigene Vorteile benutzt und nutzbar macht.

Eine weitere Spur liegt darin, dass in der bereits erwähnten Weltgerichtsrede in Mt 25 (wenn Christus in den kranken Menschen gegenwärtig ist und besucht wird) Gott die Vergehen den Menschen gegenüber als Vergehen sich selber gegenüber ahndet, dass Gott also nicht darauf besteht, die Vergehen gegen sich als Gott (Unglaube, Blasphemie usw.) ins Gericht aufzunehmen. Hier gilt eher Hosea 11, nämlich dass Gott nicht anders kann, als dem Volk den Unglauben gegenüber sich selbst zu verzeihen.[121] Mt 25 bezieht das Gericht auf die guten und bösen Taten und nicht auf den Glauben oder Unglauben.

Die Saat geht von selber auf, und der Sämann lässt sie in Ruhe (vgl. Lk 8,4–8). Gott gerade in und hinter dieser Unnötigkeit zu glauben macht die zweckfreie Tiefe des Glaubens aus. Nichts gegen menschliche Versuche der Gottesbeweise.[122] Sie sind Krücken für das „Verstehen“ Gottes im Diesseits. Die den Glauben tragenden Beine allerdings, die auch ohne diese Krücken gehen können, liegen in einem Vertrauen über die Beweisbarkeit hinaus. In gewisser Hinsicht berührt hier der Glaube den noch weniger beweisbaren Atheismus, ja kommt ohne ihn gar nicht aus, in dem Sinne, dass der Gottesglaube unnötig ist, dass dahinter kein drohendes Muss steht, sondern dass er umsonst ist, reine Gnade und sonst nichts. Dies wäre die im Gottesglauben zutiefst verankerte Sicherung gegen den Missbrauch Gottes für die Gewalt gegen Menschen, denn jede Verdinglichung Gottes führt zur Ausgrenzung bestimmter Menschen. Jenem Atheismus, der aggressiv gegen Kirchen und Religionen vorgeht, wären die Winde aus den Segeln genommen, weil er sich vor allem auf deren Herrschsucht, Verbreitung von Angst, Unfreiheit und Unterdrückung bezieht.

Diese neue Art von „missionarischer" Präsenz in Gesellschaft und Kirche ist in Bezug auf die Glaubensverbreitung im alten Sinn des Wortes absichtslos. Sie ist aber voll Absichten, an diesem anderen Ort die eigene Glaubensexistenz zu leben und sie als Diakonie in der Umgebung spüren zu lassen; und als nichts anderes als Diakonie. Dies führt zu einer eigenartigen Einsicht in die spannungsreiche Verbindung von Glaube und Solidarität: Die eigene Religiosität ist nötig für die eigene spirituelle Identität als Basis für die Diakonie nach innen und nach außen (bezogen auf ein diakonisches Gottesbild genauso wie auf ein entsprechendes Handeln den Menschen gegenüber), wie es um der uneigennützigen Diakonie willen nötig ist, die eigene Religiosität nicht als Ideologie verbreiten zu wollen, d. h. in irgendeiner Weise mit dem Vehikel der Wahrnehmungsverzerrung, des Zwanges und der Herrschaft zu verbinden.

2. Im Zeichen des schwachen Gottes

Die angesprochene Spannung zwischen innen und außen, zwischen Diakonie und Martyria spiegelt sich auch in der Spannung zwischen dem Wort Jesu „Denn wer nicht gegen uns ist, der ist für uns" (Mk 9,40) und dem anderen Wort Jesu: „Wer nicht mit mir ist, ist gegen mich" (Mt 12,30). Zum ersten: Wenn Menschen ohne Christusbezug auf andere Menschen heilend und befreiend wirken, dann ist auch ihr Wirken ein Handeln im Bereich Christi, im Bereich des Reiches Gottes. Dies gilt selbstverständlich auch für jedes Handeln von Christen und Christinnen, in dem die Diakonie nicht explizit mit Glauben und Verkündigung verbunden wird. Gegenüber dieser programmatischen Offenheit im Bereich der Glaubensausdrücklichkeit vertritt Matthäus die Traditionslinie „der radikalen Entschiedenheit"[123]. Man kann diesen Gegensatz im Horizont unserer Fragestellung folgendermaßen verstehen: Für die christliche Identität in ihrem Zusammenhang von Glaube und Diakonie, von Gottvertrauen und Solidarität und für die entsprechenden kirchlichen Gemeinschaftsformen gilt es, sich vom Glauben an Gott her für die zwischenmenschliche Solidarität beschenken zu lassen und aus diesem Geschenk heraus nicht mehr ohne dieses Geschenk leben zu wollen. Gerade *in* diesem christlichen Bewusstsein gilt aber genauso und deswegen: Wer, in welchem Namen auch immer, auf der Seite der Menschen steht und sich solidarisch verhält, sei es im Handeln der Christen und Christinnen von innen nach außen, sei es außerhalb der Kirchen, darf Christus „schlafen lassen" bzw. kann im Sinne der je eigenen Identitäten ganz andere Ausdrucksformen religiöser und anderer Art oder auch gar keine diesbezüglichen Ausdrucksformen in Anspruch nehmen.

Hier geht es um ein eigenartiges Verhältnis von Gotteswort und Menschentat, von Glaube und Handeln: Für die Gläubigen ereignet sich der Glaube als unverzichtbar, nach außen ist der Glaube nur dann unverzichtbar, wenn er derart als liebevolle Anerkennung des Gegebenseins der Menschen, wie sie sind und leben, erfahren wird, dass sie nicht darauf verzichten wollen. Dies heißt überhaupt nicht, dass alles gutzuheißen ist, vor allem nicht aus der Perspektive der Diakonie und der Solidarität, aber es heißt, dass im Bereich des Glaubenszeugnisses eine abwertende Kritik des Glaubens der anderen nicht möglich ist, als sei in deren Glauben etwas bedingungshaft notwendig, um von Gott geliebt zu werden. Die Kritik kann sich allenfalls darauf beziehen, inwiefern ein Glaube der Zerstörung von Menschen dient und dafür alle Schleusen öffnet. Dann ist er nicht nur nicht notwendig und überflüssig, sondern abzuschaffen und gerade deswegen heftiger Kritik auszusetzen, weil er den zugriffigen Intentionen der Menschen zu Nutzen ist.

An die Stelle des Ideologiekampfes tritt dann der Solidaritätskampf, an die Stelle der Verbindung von Glaube und Herrschaft tritt die Verbindung von Glaube und einer Ermächtigung, die eine eigene Macht der Solidarität, der Liebe und der Gerechtigkeit bringt und somit in dieser Hinsicht nicht ohnmächtig, aber von der zwingenden Macht her schnell verletzbar ist.[124]

Vielleicht kann man hier auch an die Begegnung am leeren Grab im Johannesevangelium denken, wo der Auferstandene, der doch in seinen irdischen Tagen sich nie gescheut hat, die Menschen heilend zu berühren, nun in seiner verklärten und verwandelten Erscheinungsform der Maria

Magdalena deutlich macht, sie solle ihn nicht berühren und vor allem nicht festhalten wollen. In dieser Form gehört der Auferstandene in den Himmel (vgl. Joh 20,17). Die Zurückgebliebenen werden dem Auferstandenen nicht anders begegnen als in seiner irdischen Form – in denen, die ihm nachfolgen, und in denen, die Leid erfahren.

Michael Theobald kommt zu einer ähnlichen Einschätzung: „Nicht im unmittelbaren Eingriff in die gegenwärtige Geschichte, nicht in der mirakulösen Rettung von mit dem Tod bedrohten Menschen, sondern im dramatischen Abbruch dieser Schöpfung bzw. in ihrer völligen Neu-Werdung – so die apokalyptische Mythologie des Weltendes – erweist er (Christus, O. F.) sein Recht und setzt es universal durch." Und später: „Der Verzicht auf Identifikationen von Gottes innergeschichtlichem Handeln schließt keineswegs seine deistische oder atheistische Verabschiedung aus der Geschichte ein, sondern ist Konsequenz aus dem Bekenntnis zu ihm als *Deus absconditus* im Zeichen des Kreuzes. Der Durchbruch seiner Heil schaffenden Gerechtigkeit und der Selbsterweis seiner Souveränität bleibt eschatologische Hoffnung."[125] Wenn Matthäus erklärt, „dass dem Auferweckten ‚alle Macht im Himmel und auf Erden gegeben' sei (Mt 28,18), dann erweist sich das für ihn auf Erden *verborgen* im Zeugnis der Barmherzigkeit, das seine Nachfolger täglich im Geist der Bergpredigt ablegen …"[126].

3. Wie der „himmlische Vater"

Papst Benedikt XVI. hat in der Ansprache während der Eucharistiefeier in Freiburg am 25. September 2011 den Theologen ins Gewissen geredet, auch angesichts des Leidens in der Welt Gott nicht die Allmacht abzusprechen, mit dem Hinweis, dass Gott im Diesseits seine Macht nicht als Allmacht, sondern als Freiheitszuspruch und als treues Erbarmen ausübe: „Trauen wir Gott, dessen Macht sich vor allem im Erbarmen und Verzeihen zeigt … Gott sehnt sich nach dem Heil seines Volkes. Er sehnt sich nach unserem, nach meinem Heil, dem Heil eines jeden. Immer, und vor allem in Zeiten der Not und des Umbruchs, ist er uns nahe, und schlägt sein Herz für uns, wendet er sich uns zu … Gott achtet unsere Freiheit. Er zwingt uns nicht. Er wartet auf unser Ja und bettelt gleichsam darum.“ [127] Die andere Seite der Freiheit des Glaubens ist die unbedrohte Lizenz zum Atheismus.

Hier zeigt sich, wie treffend die Kirchenkonstitution des Zweiten Vatikanums das Wesen der Kirche in der Verbindung mit dem Wesen Gottes formuliert, insofern die Kirche Zeichen und Werkzeug der Liebe Gottes in dieser Welt ist und sein darf. Man kann diesen Gedanken auch an den Satz Jesu im Evangelium binden, wo er dazu aufruft, so vollkommen zu sein wie der Vater im Himmel: „Ihr sollt also vollkommen sein, wie es auch euer himmlischer Vater ist“ (Mt 5,48). Bezeichnenderweise steht dieser Satz in der Bergpredigt; und er folgt unmittelbar dem Gebot der Liebe zu den Feinden: „Ich aber sage euch: Liebt eure Feinde und betet für sie, die euch verfolgen, damit ihr Söhne eures Vaters im Himmel werdet; denn er lässt seine Sonne aufgehen über Böse und Gute, und er lässt regnen über Gerechte und Ungerechte“ (Mt 5,44–45).

Dahinter steht selbstverständlich nicht eine Selbstvergottung der Menschen, sondern eine Orientierung des menschlichen Handelns an dem, wie Gott geglaubt wird, wie er, für Christinnen und Christen insbesondere in Jesus von Nazareth, mit den Menschen umgeht. Dann darf man den Satz Benedikts auch so formulieren, dass man den Gottesbegriff mit dem Kirchenbegriff austauscht. Die kirchenkritische Wirkung dieser Operation liegt auf der Hand: „Trauen wir der Kirche, deren Macht sich vor allem in Erbarmen und Verzeihen zeigt. Und seien wir sicher, liebe Gläubige: die Kirche sehnt sich nach dem Heil des Volkes. Sie sehnt sich nach unserem, nach meinem, dem Heil eines jeden. Immer, und vor allem in Zeiten der Not und des Umbruchs, ist die Kirche uns nahe und schlägt ihr Herz für uns, wendet sie sich uns zu … Die Kirche achtet unsere Freiheit. Sie zwingt uns nicht. Sie wartet auf unser Ja und bettelt gleichsam darum."

Nach innen gehen dann gläubige Menschen davon aus, dass der christliche Gott gegeben sei (etsi deus daretur). Dem Außen begegnen sie mit einer Haltung, die von dieser Spiritualität ermöglicht ist, nämlich dass nach außen die Diakonie so bedingungslos hinsichtlich des Glaubens geschieht, als wäre Gott nicht gegeben (etsi deus non daretur[128]). Von Gott kann dann allenfalls gesprochen werden, wenn jemand nach den Motivationen und Haltungen fragt.[129] So verliert der Glaube seinen Zwangscharakter und gewinnt Freiheit.

Der Gottesglaube ist „Luxus", Gratisbeigabe überfließender Gnade. Er ist nicht notwendig für ein gutes Leben, auch nicht für ein gutes Leben, das anderen guttut. Hierfür ist nur eines notwendig: die menschliche Erfahrung von Zärtlichkeit und Annahme. Es *muss* nicht sein, Gott in religiösen Sprachspielen thematisiert zu haben, und es muss auch nicht sein, an Gott zu glauben. Jedes „muss" bringt Zwang, nach innen und nach außen. Denn „das von außen kommende Glaubensgut, das vom glaubenden

Menschen übernommen werden müsse – (ist) ein Vorgang, der nie ohne Gewalt geht"[130].

Christen und Christinnen zeigen, dass es gut ist und guttut, dass es Ressourcen und Kräfte schenkt, vor allem für die Solidarität über die eigenen Grenzen hinaus, an einen solchen Gott glauben zu dürfen. Auf Anfrage geben sie, die Gläubigen, davon Rechenschaft und schließen auch nicht die Türen zu jenen Räumen, wo sie beten und die Sakramente der Kirche feiern, und sie lassen alle, wenn sie daraufhin neugierig werden, an diesem Glauben teilhaben. Aber es gibt keine nötigenden und zwingenden Gründe, glauben zu müssen, um das Heil zu erlangen. Kein Mensch muss glauben, um von Gott geliebt zu werden, dies ist ohnehin der Fall. Der Glaube ist nicht die Bedingung der Liebe Gottes, sondern der Beginn ihres Bewusst- und Innewerdens. Es geht um eine Art von Abduktion, nämlich sich im Gottesglauben selber wegführen zu lassen von seiner zwingenden Notwendigkeit (auch nicht der erfolgreichen, denn Gott wendet die Not nicht), die den meisten Gläubigen im Bauch, im Herzen und im Kopf sitzt. So stellt die christliche Gemeinschaft dar, dass die gläubige Benennung Gottes „überflüssig" ist, nicht notwendig zum Leben, nicht notwendig zum Heil, nicht notwendig für den Himmel. Sie glaubt zwar, dass Gott für Heil und Himmel aller Menschen notwendig ist, aber nicht daran, dass der Glaube daran die Bedingung für das Wirklichwerden dieser Notwendigkeit ist. Deshalb sind weder die Kirchen- noch die Glaubensgrenzen mit den Heilsgrenzen identisch. Genau das ist ein unveräußerlicher Inhalt des christlichen Glaubens selber, dass Gott alle Menschen unerschöpflich in sein Heil aufnimmt.

In diesem Sinn ist der Glaube so überflüssig, so zusätzlich wie das Verschwendungswunder bei der Hochzeit von Kana in Galiläa (vgl. Joh 2,1–12). Es ist interessant und überraschend, dass das erste Wunder Jesu bei Johannes kein Mängel- und Heilungswunder ist. Die Leute sind schon satt, und sie haben bereits genug getrunken (vgl. Joh 2,10). Und jetzt kriegen sie noch mehr und dazu noch besseren Wein. Niemand ist hier notleidend, jedenfalls nicht in dieser Situation. Buchstäblich zu allem Überfluss werden auch noch ganze sechs Hundertliterwasserkrüge bis zum Rand gefüllt. Alles wird zu Wein. Ist das nicht die Verschwendung des Wunders für die Verschwendung? Natürlich ist es wunderbar, im Hochgefühl des Weines bzw. des Glaubens das Leben zu feiern und zu sehen. Katharina Thalbach hat in einem Fernsehinterview („Inas Nacht" in der ARD am 9. September 2010) auf die Frage, warum sie religiös sei, spontan geantwortet: „Mit der Religion ist das Leben viel phantasievoller und schöner." So ist der Glaube ein Superadditum, eine zusätzliche Beigabe, völlig umsonst, reine Gabe, unbrauchbar für Selbstruhm und Ausgrenzung. Für alle, die in aller Freiheit in diesen Glauben hineinwachsen dürfen, die sich ihm wo immer öffnen können, wird er dann schon zu einem „*Super*"-Additum ihres Lebens.

13. Gratis und kostbar

1. Verschwendung

Der Glaube ist nicht notwendig, aber kostbar, er ist unerschöpflich kostbar! Und der Blick des Glaubens lässt vieles im Leben noch kostbarer sein, als es ohnehin schon ist, oder aber auch noch leidvoller, als es ohnehin schon ist. Aber beides gibt es „ohnehin schon". Der Glaube ist darüber hinaus, ähnlich wie Kunst, Musik und Poesie, ein überfließender Luxus: Man muss nicht in die Oper gehen, um leben zu können. Doch wirft ein wunderschönes Konzert so etwas wie einen Glanz auf das ganze Leben. Und dafür „verschwendet" man Geld, das man nicht leicht verdient hat. So ist der Glaube, wie darin Gott selbst, im Sinne von Georges Bataille eher der Verschwendung und Verausgabung als der Ökonomie der Sparsamkeit und Verzweckung zuzuordnen.[131]

Der Pastoraltheologe Jacques Schepens schreibt: „Wie Liebe und Kunst gehört auch Glaube zu den *uneigennützigen Werten.*" Hinsichtlich des Nutzens sind sie nutzlos. Dennoch sind diese uneigennützigen Werte die „allerwichtigsten im Leben", denn sie lassen den Menschen anders *sein*". So entreißt der Glaube „den Menschen seiner funktionalistischen Einstellung und kommt auf diese Weise dessen tiefstem Verlangen durch die Tatsache entgegen, dass sie den Menschen einfach sein lässt für sich selbst, für die anderen, für Gott."[132]

Aber auch umgekehrt lässt Gott seine Schöpfung *sein,* er braucht sie nicht für eigene Zwecke. Die Schöpfung ist nicht eine Funktion Gottes. Zu seinem Gottsein benötigt sie Gott nicht. Gott entlässt sie vielmehr in Freiheit und Autonomie sich selbst gegenüber. Gott erhält sie auch als solche, die Gott nicht braucht.

In den biblischen und darüber hinausgehenden Erfahrungen der Menschen verlagert sich der Glaube an das Eingreifen Gottes (z. B. in der Befreiung aus Ägypten) auf die Erfahrung, dass Gott im Diesseits nicht eingreift, um Unglück zu verhindern. Der biblische Glaube, dass Gott gewaltsam in die Geschichte eingreift, um die Bedrängten zu retten, wird bereits in der Bibel gründlich hintertrieben. Hiob und viele Klagepsalmen bringen die Erfahrung, dass Gott nicht eingreift. Gott verhindert auch das Schlimmste nicht. Mit dieser Erfahrung verlagert sich die Hoffnung auf Gottes rettendes Eingreifen auf das „Ende" von Mensch und Geschichte. Was bleibt, ist die Hoffnung darauf, dass Gott eingreifen kann und dies am Ende, im Jenseits zu unserem Sein, tun wird.

Gott zeigt sich als schwacher Herr der Geschichte, am Kreuz als gar kein „Herr" mehr: Der Menschensohn verzichtet auf irdische und himmlische Heerscharen (vgl. Joh 18,36), denn sein Königtum ist nicht von dieser Welt. Am Ende steht die Klage, warum Gott Jesus derart verlassen habe (vgl. Mk 15,34). Jetzt jedenfalls, im Diesseits, wartet er mit seiner göttlichen Allmacht nicht auf. Seine Macht ist im Anderssein seiner Gottheit gegenwärtig, in der Verletzlichkeit der Liebe und Solidarität, die allerdings das Herz seiner auch göttlich allmächtigen Identität ausmacht, was aber jetzt nicht als solche erlebbar ist, auch nicht für den Gottessohn selbst. In dieser Form ist er eigenartig *Gott* los. Es gibt kein Christentum ohne diesen diesseitig atheistischen Anteil, ohne diese atheistische Spiritualität des Diesseits.

Der christliche Glaube radikalisiert den Tatbestand, dass es für die Menschen immer nur eine irdische Rede von Gott geben kann, indem Gott selbst Mensch wird und derart die Wahrheit eines Geheimnisses Gottes, das am tiefsten Grund Liebe ist, an diese Bewahrheitung in Gottes Selbstentäußerung hinein bindet. Es handelt sich hier also nicht um jene deistische Einstellung, dass Gott zwar alles geschaffen, aber zugleich damit gleichgültig im Stich gelassen habe. Genau das Gegenteil ist der Fall: Im Psalm 22 wird dem betenden Menschen vielmehr klar, dass Gott nicht nur dem geretteten, sondern auch dem ungeretteten leidenden Menschen nahe ist.[133] Und in Mk 15,29 erkennt der heidnische Hauptmann im ungeretteten Gekreuzigten den Gottessohn. Und in Röm 8,26 „seufzt" der Geist des Auferstandenen in der Schwachheit, in der Hoffnungslosigkeit und im Leiden der Menschen mit. In solcher Menschwerdung ist Gottes solidarische Anteilnahme in dieser Welt gegenwärtig (vgl. Phil 2,6–11).

Denn es ist eine Frage der Spiritualität, ob etwas als Eingreifen Gottes oder nicht als solches erfahren wird. Ohne Zweifel gibt es Evidenzerfahrungen, die sich zwischen Bittgebet und erhörtem Gebet ereignen und die als solche zum innersten Kern biblischer Spiritualität gehören. Im Glauben ist Erhörung möglich; und man wird Gott auch nicht absprechen können, dass er sich einmischt, dass er eingreift, auch dies wäre ein unzulässiger Zugriff auf seine Freiheit. Doch würde die Erfahrung des Eingreifens zu einem magischen Zugriff werden, wenn man sie zur Bedingung der Gottesbeziehung machte. Denn es gibt auch die gegenteiligen biblischen Gebetserfahrungen, nämlich dass Gott nicht erhört und verborgen bleibt. Das Bittgebet ist dennoch nicht umsonst, gerade dann, wenn man nicht mit der Erhörung rechnet wie mit einem Kausalzusammenhang; denn wichtiger als die Erhörung oder Nichterhörung bleibt die Beziehung. Mit Gottes Eingreifen kann man also nicht „rechnen“, hier gibt es kein Wenn-Dann-Verhältnis. Die biblische Einsicht, nämlich dass Gott in die Geschichte eingreifen *kann*, dass Gott ihr gegenüber souverän ist, wird damit nicht geleugnet.

Man hat allerdings die Erfahrung zu machen, dass es zufällig erscheint, wann Gott eingreift oder nicht, man hat damit zu rechnen, dass man nicht mit ihm rechnen kann, dass man also letztlich auf sich selbst gestellt bleibt und dass ein eventuelles „Eingreifen“ Gottes seinerseits als genauso motiviert wie unmotiviert erlebt wird. Dafür steht die klagende Frage: Warum ...? Weil der Mensch bei dieser himmelschreienden Ungerechtigkeit nicht mehr durchblickt, warum Gott hier eingreift und dort nicht. Wenn dann noch hinzugedacht wird, dass Gott in bestimmten Texten der Bibel ohnehin auf jedes Eingreifen verzichtet und dass sein Herrsein im Diesseits ein anderes Vorzeichen hat als das eines gewaltsamen Sich-Durchsetzens gegen die Widrigkeiten der Geschichten und Geschichte, dann darf man auch als eine biblische Spiritualität jene Gottesbeziehung beanspruchen, in der gar kein Eingreifen *in dieser Form* mehr erwartet wird; zumal jede Rettung oder Nichtrettung der einen und der anderen entweder die innerweltlich ohnehin starke Dynamik der Ungerechtigkeit oder die der verweigerten Versöhnung verstärkt. Von der positiven Diskriminierung der Erwählten ganz zu schweigen, die in ihrem Schatten die negative Diskriminierung der anderen verursacht.

Dies richtet sich nicht gegen die immer wieder möglichen Erfahrungen der Erhörung, sondern gilt als das Plädoyer für eine Spiritualität, die die Erhörung dankbar annimmt und zugleich anderen nicht nur nicht verweigert, sondern deren Anliegen im eigenen Beten mitvertritt für eine Spiritualität, die das erwünschte Eingreifen Gottes für sich selbst in Gott hinein loslassen kann: Sein Wille geschehe, auch wenn er ganz anders und dunkel geschieht. Diese Spiritualität öffnet sich für die Solidarität mit all jenen Menschen, die ebenfalls keine Rettung erfahren. Mit ihnen solidarisiert sich Jesus. Er schlägt am Kreuz Gottes Eingreifen aus. Er verzichtet darauf. Sein Tod ereignet sich in Solidarität mit den Opfern und – in der Sühne – für die Sünder und Sünderinnen.

In diesem Zusammenhang müsste man auch darüber nachdenken, wenn man schon vom Eingreifen Gottes viel hält, ob er nicht bei vielen Menschen tatsächlich in die Geschichte eingreift, auch wenn sie nicht an ihn glauben, auch wenn sie nicht beten, allein deswegen, weil sie in Not sind. So wie der Glaube darauf hoffen darf, dass Gott am Ende der Geschichte zugunsten *aller* Menschen eingreifen wird. Diejenigen, bei denen er eingreift, werden es als gütiges Schicksal oder als barmherzigen Zufall interpretieren. Jedenfalls darf man, wenn man den Herrn der Geschichte ansieht, nicht nur von „seinem Volk" ausgehen, es sei denn, alle Menschen sind Gottes Volk. Sollte man nicht auch den Nichtgläubigen ein rettendes Eingreifen Gottes zugestehen, würde eine solche Exklusivität des Heils dem universalen Heilswillen Gottes widersprechen. Außerdem würde das Eingreifen Gottes dann zu sehr an seiner Verursachung durch Glauben und Beten festgemacht, was aber gerade der Souveränität, der Unverrechenbarkeit Gottes und damit der preisenden Gottesanerkennung im Beten selbst widerspricht.

Dies heißt nicht, dass Gottes Geist und damit Gottes Macht nicht in der Geschichte wirkten[134] und dass keine Kriterien zur Identifikation dieser Macht gegeben seien, in diesem Äon aber nicht in selbstrühmerisch-arroganter Haltung, sondern im Sprechakt des Betens, der Klage und der Anklage, der Hoffnung und der Bitte, des Dankes und des Gotteslobs. Jedenfalls steht dem Christentum nach Jahrhunderten einer oft ungebremsten und nicht selten für die „anderen" katastrophalen Identifikation[135] geschichtlicher und biographischer Ereignisse mit dem eingreifenden Handeln Gottes (was ja immer die ausschließt, für die er nicht eingreift) ein langes diesbezügliches Verzicht-Moratorium gut an. Auch im Glauben ist es möglich, Rettung oder Nicht-Rettung als Zufall anzusehen; nichts *muss* mit dem Eingreifen Gottes oder seinem Nichteingreifen identifiziert werden. Dank und Klage sind in beiden Fällen möglich, weil Gott letztlich für alles verantwortlich bleibt,[136] was in der Schöpfung geschieht, sei es im Sprachspiel des Eingreifens, sei es im Sprachspiel des Zufalls.[137]

2. Glaube als Gnade

Ich missachte mit diesen Überlegungen nicht den christlichen Glauben und setze ihn auch nicht geringer an als die christliche Diakonie. Nur muss der Vermittlungsweg dem Inhalt der Botschaft selber entsprechen, und dieser Inhalt ist letztlich der Glaube daran, dass alles durch Gottes Gnade ermöglicht ist und nichts durch sie erzwungen werden kann.

Für eine Solidarität, die verzichtsfähig ist, reichen rationale Begründungen nicht aus. Die Triebkraft dafür kommt aus Quellen, die die Menschen nicht selber hergestellt haben. Sie findet sich in ganz bestimmten Menschen und Spiritualitäten. Gerade deswegen ist es für die Zukunft aller Gemeinschaftsgestalten der Kirchen so elementar, das Artikulationsniveau des eigenen christlichen Glaubens und seiner Symbolkraft nicht gering zu achten, sondern zu hegen und zu pflegen in einer nicht zwingenden und nicht dominierenden, sondern anerkennenden und kreativen Weise und so vielleicht jene, die in dieser Richtung bereits handeln, auf die Inhalte des Evangeliums neugierig werden zu lassen ohne Wenn-Dann-Bedingungen.[138] Gerade der Gratis-Charakter des Glaubens begründet seine Kostbarkeit.

Der Glaube ist Luxus, weil und wie auch sein Inhalt, Gott, für die Welt ein Luxus ist, oder besser: Gott hat sich selbst dadurch zum Luxus gemacht, dass die Welt auf kein übernatürliches Eingreifen Gottes angewiesen ist. Die negative Seite dieser Autonomie besteht darin, dass er gleichzeitig die Welt ihrem Schicksal überlässt, aber auch wieder so, dass Gott sich selber in der Menschwerdung in dieses Schicksal hineinverstrickt. Gottes Geist lebt in der Schöpfung, geht mit ihr mit, aber nicht so, dass er ihre Autonomie verletzen würde, selbst wenn Gott darin mitzuleiden und mitzuseufzen hat. Gott ist „objektiv“ notwendig für die Rettung der Welt. Aber Gott bindet diese Notwendigkeit nicht an den Zwang, daran glauben zu müssen. Und wie Gott einmal zur Rettung aller Welten und aller Menschen eingreifen wird, ohne die Autonomie der Welt zu verletzen, sondern um ihr die Vollendung zu ermöglichen, bleibt sein Geheimnis, wie es ein für uns unerträgliches Geheimnis bleibt, warum Gott das Leiden der Menschen so lange anschaut und aushält.

Nur wenn Gott über-flüssig, über-fließend ist, kann Gott reine Gnade sein, denn dann muss Gott nicht verdient werden, weder durch moralische Leistung noch durch das Vorhandensein des Glaubens. Die Nichtnotwendigkeit Gottes zum Gutsein und zum Heilwerden ermöglicht erst die Radikalität eines Glaubens, der reine Gnade ist, und zwar ohne die fatalen Ausgrenzungen fatalistisch geprägter Vorherbestimmungsvorstellungen, wonach Gott vorherbestimmt, wer die Gnade des Glaubens erhält und wer nicht und deshalb verdammt ist.[139] Die christliche Existenz von Kirchen und Personen steht dann dafür ein, Glaubenssysteme nie mehr als Herrschaftssysteme zu realisieren, sondern unbedingt an wirksame Solidaritätssysteme zu binden. Insofern haben diese Überlegungen nicht nur kirchen-, sondern auch eine religionskritische Bedeutung gegenüber allen Religionsanteilen, in denen der Glaube an Gott Droh- und Sanktionsbedingungen ausgeliefert wird. Genau das hat Gott nicht verdient.

Gegenüber den Hauptstrategien des vergangenen Jahrtausends und den damit verbundenen Missionskonzepten ist ein kommendes Jahrtausend einzuläuten (wenn es dieser Welt noch beschieden sei), in dem die christlichen Kirchen (mit der entsprechend beispielhaften Einladung an die anderen Religionen) die menschen- und gerechtigkeitsnotwendige Solidarität gerade deswegen nicht an einen nötigenden und bedingungsschweren Gottesglauben binden, weil durch Letzteren ebendiese Solidarität hintertrieben wird.

Das Zweite Vatikanum behauptet im Glauben das Heil Gottes für alle Menschen: „Die katholische Kirche lehnt nichts von alledem ab, was in diesen Religionen wahr und heilig ist. Mit aufrichtigem Ernst betrachtet sie jene Handlungs- und Lebensweisen, jene Vorschriften und Lehren, die zwar in manchem von dem abweichen, was sie selber für wahr hält und lehrt, doch nicht selten einen Strahl jener Wahrheit erkennen lassen, die alle Menschen erleuchtet" (Nostra aetate 2).[140] Das hier zum Ausdruck kommende Wahrheitsgefälle wird von der in dieser Wahrheit selbst verankerten radikal universalen Heilszugehörigkeit aller unterfangen: „Auch hat ja Christus, wie die Kirche immer gelehrt hat und lehrt, in Freiheit, um der Sünden aller Menschen willen, sein Leiden und seinen Tod aus unendlicher Liebe auf sich genommen, damit alle das Heil erlangen. So ist es die Aufgabe der Predigt der Kirche, das Kreuz Christi als Zeichen der universalen Liebe Gottes und als Quelle aller Gnaden zu verkünden" (NA 4). So wird ein wahrheitsbezogen gestuftes und heilsbezogen gleichstufiges theologisches „Vorurteil" bezüglich der nichtchristlichen Kulturen und Religionen vorgelegt, wobei der gestufte Wahrheitsanspruch in sich an den Inhalt des allumfassenden Heilszuspruchs gebunden ist.

Auch die in der Kirchenkonstitution des Zweiten Vatikanums erörterte gestufte Kirchenzugehörigkeit von Christen und Christinnen in den unterschiedlichen Kirchen im Bezug auf die katholische Kirche ist umfangen von einer völlig ungestuften Gnadenzugehörigkeit aller Kirchen und überhaupt aller Menschen – wenn denn für alle Menschen gilt, dass sie unbedingt und nicht gestuft zueinander von Gott geliebt sind. Auch ist die Kirchlichkeit, auf welcher Stufe auch immer, nicht mit der Reich-Gottes-Zugehörigkeit identisch, sondern kann quer dazu stehen und beispielsweise im sozialen Bereich hinter dem zurückbleiben, was Menschen aus anderen Religionen und Weltanschauungen an Solidarisierung mit anderen aufbringen.

14. Im Glauben Heil für alle

1. Mit Luther über Luther hinaus

Martin Luther ist in seiner Rechtfertigungstheologie zu der Vorstellung einer bedingungslosen Gottesliebe vorgedrungen, allerdings noch nicht radikal genug, sondern nur unter den Bedingungen des Glaubens. Paulus selber ist hier schon weiter, wenn er in Röm 9–11 darüber nachdenkt, dass das Heil auch den nicht zum christlichen Glauben gekommenen Juden zuteil wird. Denn Luther kennt Muslimen und Juden gegenüber keine Gnade, weil sie nicht an Christus glauben. Millionen von Menschen haben die Kirchen im Laufe der Jahrhunderte als ein System erfahren müssen, das Wohlergehen und Rettung nur unter der Bedingung der ideologischen Selbstintegration ausgegeben hat. Hier zeigen sich die zwei völlig entgegengesetzten Weisen, wie der christliche Glaube „funktioniert“: als Solidaritätsmotiv für alle Menschen oder als Mordmotiv gegen die Ungläubigen, weil es doch besser sei, die Ungläubigen zum Glauben zu zwingen, als sie der Hölle zu überantworten. In solcher „Höllendiakonie“ ist jede Grausamkeit erlaubt, mit den unseligsten Folgen einer religiösen Haltung, in der die Glaubensgrenzen die Heilsgrenzen sind. Diese Grundproblematik zwischen Religionen wie auch in und zwischen Kirchen hat bis heute zu existieren nicht aufgehört.

Ingolf Dalferth nähert sich in seiner neuen Publikation „Umsonst“ aus reformatorischer Perspektive eindrucksvoll dem „gratis“ der göttlichen Gnade: „Wer ‚wiedergeboren' wird – das spricht die Metapher aus –, vollzieht diesen Wechsel nicht als eigene Entscheidung, sondern stimmt dem Wechsel, den man Gott verdankt, mit Amen zu. So wenig die Geburt eine eigene Entscheidung des Kindes ist, welches das Leben wählt, so wenig ist die Wiedergeburt eine eigene Entscheidung des Menschen, der den Glauben wählt."[141] Und: „Die Rechtfertigung des Gottlosen beziehungsweise die Neuschöpfung des alten zum neuen Menschen lässt sich weder aus dem Sein des alten Menschen heraus entwickeln noch in die Heiligung des gerechtfertigten beziehungsweise das Leben des neuen Menschen hinein auflösen. Neu wird der alte Mensch nur, indem sein Altsein beendet und er *mere passive* neu gemacht wird. Und diese kreative Passivität ist an keinem Punkt als eine Aktivität des neuen Menschen darstellbar, weil sie dieser *prinzipiell* voraus- und zugrunde liegt. All das gilt zwar auch schon für das Geschaffenwerden als solches. Das Neuschaffen geht aber insofern darüber hinaus, als hier *gegen eine vorhandene Aktivität des Geschöpfs, die sich gegen Gott richtet, das neue Sein ermöglicht und verwirklicht wird … Gute Werke bleiben Gottes Werke,* deshalb können Menschen sich ihrer niemals rühmen, sondern sie können mit ihnen immer nur Gott rühmen."[142]

Bei Dalferth bleibt es allerdings zunächst noch eine Frage, ob diese Liebe Gottes auch dann das menschliche Tun und Leben heiligt, wenn der so handelnde Mensch nicht glaubt. So dass auch von ihm gilt, was vom gläubigen Menschen gilt: „Er könnte es (das Gute, O. F.) nicht tun ohne Gott; er kann es nicht tun ohne Gott; und deshalb tut er es nicht nur nicht ohne Gott, sondern es ist Gott, der es durch ihn wirkt und tut."[143] Offensichtlich sind Rechtfertigung und neue Schöpfung nur dann wirksam (und nicht „nur" bewusst), wenn sich der Mensch im Glauben zu verdanken weiß: „Erst wo im Tun des Menschen unverstellt zum Ausdruck kommt, dass es sich ganz dem Wirken Gottes verdankt ..., ist das menschliche Leben so, dass es nicht von der Sünde entstellt, sondern von Gott geheiligt wird."[144] Heißt dies, dass das „Umsonst" von Gottes Gnade sich nicht nur erlebnismäßig im Glauben ereignet, sondern überhaupt nur im Glauben ereignet? Letzteres würde es unmöglich machen, den Glauben selbst in die Kategorie des „Umsonst" aufzunehmen, obgleich er, wie Geburt und Wiedergeburt, umsonst geschenkt ist.

Denn hier hinkt der Vergleich mit der Geburt aller Menschen, sofern diese Geschenktheit sich auf alle Menschen, die geboren werden, bezieht, während sich die Geschenktheit der Wiedergeburt nur auf die im Glauben Wiedergeborenen bezieht, womit dann die Frage dringend wird: Wo bleiben die anderen? Gilt für sie das Umsonst der Liebe Gottes nicht? Wenn die Gnade der Wiedergeburt nur den Erwählten geschenkt ist, befinden sich dann die anderen, diesbezüglich Nichterwählten außerhalb der Gnade überhaupt? Wenn die Gnade der Geburt für alle Menschen gilt, warum dann nicht auch die Gnade der Wiedergeburt?

Gottes Gnade ist umsonst, wie der Anfang der Geburt umsonst ist, die geschenkte Lebenszeit umsonst ist. Diese Gnade markiert nicht Willkür, sondern totale Voraussetzungslosigkeit. In der Geburt ist kreatürlich erfahrbar, was Gnade ist. Leben dürfen und können alle Geborenen, nicht nur die gläubigen. Auch lieben und geliebt werden dürfen und können alle Menschen. Gläubige Menschen können aber unaufdringlich dazusagen, dass diese Liebe etwas mit Gott zu tun hat und dass es in ihrem Glauben die

Erfahrung von Gottes unerschöpflicher Liebe gibt, die zusätzlich Kraft zum Guten gibt; und sie werden damit umso glaubwürdiger sein, als sie ebendiese Art von Menschenanerkennung im Leben bezeugen. Aber dieser Glaube kommt *dazu* – wie ein besonderer Geschmack zu einem bereits geschmackvollen Leben, wie eine besondere Würze, die aller bisherigen Würze einen faszinierenden Hauch gibt.

2. Anarchie der Gnade

An anderer Stelle lässt Dalferth keine Zweifel an der alle Grenzen überschreitenden Gottesgabe: „Die neutestamentliche Logik des *Mehr als nötig* und *Umsonst* hat deshalb in allen Schematisierungen dieselbe Pointe: Ob zeitlich das *ante* oder logisch das *prae* betont wird, ob gnadentheologisch das *gratis* oder steigerungslogisch das *maius* oder bedürfnisanthropologisch das *überflüssig* oder rechtfertigungstheologisch das *sola fide* oder gabetheoretisch das *Sich-selbst-Geben*, das in keinem Geben aufgeht und jede Gabe übersteigt – stets geht es um den *unerschöpflichen Überschuss der Gabe über alles Empfangen.* Wer *diese* Gabe bekommt, erhält mehr, als er je empfangen kann. Ihre Grenzen sind allein die Begrenztheiten ihres Adressaten. Aber ihre Pointe ist auch gerade, diese Begrenztheiten aufzubrechen, also dafür zu sorgen, dass nicht deren *modus recipiendi* die Gabe definiert, sondern die Gabe sich ihren Empfangsmodus selbst schafft und die Empfänger durch die Gabe neu definiert werden: Sie sind, was sie durch die Gabe *werden*, jeder und jede das, was die gerade ihnen gegebene Gabe *aus ihnen macht.*[145] Es wäre ganz umsonst, was das ist, vorab für andere oder gar für alle anderen bestimmen und ausloten zu wollen; was jeder jeweils wird, geschieht *umsonst, extra ordinem,* und ist auf *keine verlässliche Regel* zu bringen. Denn ... (es) ereignet sich die Gabe des Glaubens als reine Anarchie. Nicht weil Gott gibt, was er nicht hat, sondern weil man bekommt, was man nicht braucht."[146] Wenn ich diese Formulierungen richtig verstehe, dann öffnen sie sich hier eindeutig für die „Anarchie" der Gnade über den Empfangsmodus und über die Verweigerung des Empfanges hinaus. Warum es nicht so eingerichtet ist, dass alle Geborenen zur Wiedergeburt im Glauben kommen? – Weil er offensichtlich nicht so notwendig ist für das Leben und für die endzeitliche Wiedergeburt wie die Geburt für alle Lebenden! Denn mit der Geburtlichkeit bereits hat sich der Schöpfer für das göttliche und damit unendliche Geliebtsein allen Lebens entschieden, unbeschadet eines endzeitlichen Gerichtes, das um der Liebe willen weder Lieblosigkeit übersehen noch selbst lieblos werden kann.[147]

15. Gott im Glauben Gott sein lassen

1. Besitzverzicht

In einer besonderen Weise leuchtet uns Therese von Lisieux (1873–1897) in die Zukunft des Christentums.[148] Sie kannte keinen Selbstruhm des Glaubens und war ein Leben lang in ihrem Glauben zugleich von Glaubenszweifeln beunruhigt. Für sie gab es den Glauben überhaupt nicht ohne sein Gegenteil. Karl Rahner hat dies zum 100. Geburtstag der Heiligen folgendermaßen formuliert: „Da ist ein Mensch, der geboren ist in der tödlichen Anfechtung des leeren, bis zum Grund gehenden Unglaubens und der *darin* geglaubt hat."[149] Tomas Halik zeichnet den scharfen Gegensatz zwischen der Reaktion der damaligen Kirche, die ihre Glaubensherrschaft über die Menschen wegschwimmen sieht, und Therese, die „erklärt, *sie verstehe Ungläubige als ihre Geschwister*, mit denen sie jetzt *am gemeinsamen Tisch sitze und dasselbe Brot esse*", und die Jesus bittet, „er möchte sie von diesem Tisch nicht vertreiben"[150]. Sie geht davon aus, dass der Glaube selbst die Erfahrungen der Nichtgläubigen benötigt und durch sie erweitert wird.[151] Gleichzeitig zu Therese reagieren die herrschenden Kirchenkreise auf den zeitgenössischen Glaubensverlust in der Arbeiterschaft und im Bildungsbürgertum ganz anders: „In der Kirche bricht eine tobsüchtige, paranoide Kampagne gegen den ‚Modernismus' los …"[152], und die Strategien des Glaubenszwanges lassen keinen Raum für den liebevollen Blick.

Das Problem im richtigen Verständnis der über den eigenen Bereich hinausgehenden Mission der Kirchen besteht seit jeher darin, ob der kirchliche Glaube die über den eigenen Horizont hinausgehende Weite Gottes, also Gott als Gott ernst nimmt und dass sich in dieser Vermittlung nicht ein menschliches Interesse hineinblockiert, das diesen Glauben und damit Gott selbst für etwas anderes als Gott selbst verdinglicht und vernutzt. Madeleine Delbrêl, sieben Jahre nach dem Tod der hl. Therese geboren, hat dies folgendermaßen formuliert: „weil wir Gott nicht ‚über alles' lieben, sondern ‚irgendwie noch dazu', und weil ‚unsere Herzen, unsere Seele, unser Gemüt und unsere Kräfte' vieles an sich saugen, was nicht Gott ist, was nicht für Gott da ist. Weil die Liebe, die wir als selbstlos bezeichneten, oft nur menschliches Interesse war, Gewähr für unser menschliches Glück, somit die Ehre Gottes im Dienst unseres Glücks stand. Unter diesen Bedingungen können wir nicht behaupten, dass Gott Gott ist und erwarten, dass man uns aufs Wort glaubt."[153] Oder nochmals in die gleiche Richtung: „Wir verteidigen Gott als unser Eigentum; wir verkünden ihn nicht als das Leben allen Lebens, als den unmittelbaren Nächsten all dessen, was lebt. Wir teilen nicht die ewige Neuigkeit Gottes mit, sondern sind Polemiker, die eine Lebensanschauung verteidigen, die überdauern soll."[154]

Benedikt XVI. hat dies in seiner Einladung zum Friedenstreffen der Weltreligionen 2011 in Assisi folgendermaßen benannt: „Neben den beiden Realitäten von Religion und Antireligion gibt es in der wachsenden Welt des Agnostizismus noch eine andere Grundorientierung: Menschen, denen zwar das Geschenk des Glaubenkönnens nicht gegeben ist, die aber Ausschau halten nach der Wahrheit, die auf der Suche sind nach Gott. Solche Menschen behaupten nicht einfach: ‚Es ist kein Gott.' Sie leiden unter seiner Abwesenheit und sind inwendig, indem sie das Wahre und das Gute suchen, auf dem Weg zu ihm hin. Sie sind ‚Pilger der Wahrheit, Pilger des Friedens'. Sie stellen Fragen an die eine und an die andere Seite. Sie nehmen den kämpferischen Atheisten ihre falsche Gewissheit, mit der sie vorgeben zu wissen, dass kein Gott ist, und rufen sie auf, statt Kämpfer Suchende zu werden … Sie rufen aber auch die Menschen in den Religionen an, Gott nicht als ihr Besitztum anzusehen, das ihnen gehört, so dass sie sich damit zur Gewalt über andere legitimiert fühlen. Sie suchen nach der Wahrheit, nach dem wirklichen Gott, dessen Bild in den Religionen, wie sie nicht selten gelebt werden, vielfach überdeckt ist. Dass sie Gott nicht finden können, liegt auch an den Gläubigen mit ihrem verkleinerten oder auch verfälschten Gottesbild. So ist ihr Ringen und Fragen auch ein Anruf an die Glaubenden, ihren Glauben zu reinigen, damit Gott, der wirkliche Gott zugänglich werde."[155] Eine solche Einsicht müsste sich in der Pastoral der Kirche als Entmächtigung der eigenen kirchlichen Zugriffe in Bezug auf Gott und damit auch auf die Menschen zeigen.

Wenn Gott unter den menschlichen Besitz fällt oder, besser, damit Gott schon gar nicht in diese Gefahr kommt, gilt auch von ihm die Mahnung des Paulus (1 Kor 7,29–31): „Dies aber sage ich, liebe Brüder und Schwestern: Die Zeit drängt. Darum sollen künftig auch die, die eine Frau haben, sie haben, als hätten sie sie nicht, die weinen, sollen weinen, als weinten sie nicht, die sich freuen, sollen sich freuen, als freuten sie sich nicht, die etwas kaufen, sollen kaufen, als behielten sie es nicht, und die sich die Dinge dieser Welt zunutze machen, sollen sie sich zunutze machen, als nutzten sie sie nicht. Denn die Gestalt dieser Welt vergeht" – wie auch die Gestalt eines zunutze gemachten Gottes.

2. Einsame Andersheit

Durch eine solche Selbstverausgabung christlicher und kirchlicher Existenz auf dem Hintergrund des Glaubens, von Gott her mit unendlicher Gnade in diesem Leben und über dieses Leben hinaus beschenkt zu sein, brächte das Christentum in Zukunft einen eigenen spezifischen Beitrag in die Debatte um die universale Menschenwürde ein, einen Beitrag, der umso plausibler würde, als er an christlicher und kirchlicher Existenz selber „studierbar" wäre.

In einer gewissen Weise nähme damit das Christentum die polemische Aufforderung des Philosophen Herbert Schnädelbach ernst,[156] von der Bühne der Geschichte abzutreten und sich aufzulösen, aus unserer Perspektive also: in einer *ganz bestimmten Form* von der Bühne der Geschichte abzutreten, nämlich in der Form flächendeckender Glaubensverbreitung unter gleichzeitigem Risiko, die Menschenwürde der Menschen zu verletzen, und in eine Seinsweise einzutreten, die zugleich auch viel näher ist am Kern der Identität des Christentums selbst – nämlich Eroberungsvorstellungen durch jene Seinsweise abzulösen, in der sich das Christentum zugunsten der Menschenwürde aller Menschen „verausgabt"[157] und dabei den Ehrgeiz an den Tag legt, dies in einer radikalen Unüberbietbarkeit zu tun, um auf diese neue Weise die Unüberbietbarkeit der eigenen Wahrheit darzustellen und in die Geschichte einzubringen.

Madeleine Delbrêl spricht von einem Apostolat, „das nichts unversucht lässt, um durch restlos mit Gott verbundene Menschen andere Menschen, die gottlos sein und bleiben wollen, an Gott zu binden"[158]. Aber zugleich gilt die Einsicht: „Zwar können wir ihnen den Glauben nicht geben, können aber uns selbst geben."[159] So macht Madeleine Delbrêl das „Mehr" Gottes „nicht in einem ‚Mehr' an Selbstgewissheit der Gläubigen fest – im Gegenteil, sie charakterisiert den Abgrund des Gottesgeheimnisses als den in Wahrheit viel undurchschaubareren: ohne sichtbaren und sicheren Boden, unfassbar, ja ‚grenzenlos' im Unterschied zur Abschätzbarkeit eines Lebens der Gottesleugnung! Ein Leben aus dem Glauben impliziert, sich diesen Abgründen permanent zu stellen. Madeleine Delbrêl entlarvt die Illusion, Christen stünden auf dem sicheren Boden des Glaubens, von dem aus sie beruhigt auf die Haltlosigkeit einer atheistischen Lebenswahl blicken könnten."[160] Nochmals mit Madeleine Delbrêl: „Aber damit der Glaube vernommen, seine Botschaft verstanden werde, müssten diejenigen, die ihn verkünden, zusehen, von der Welt durch nichts anderes getrennt zu sein als durch ihren Glauben; auf dass sie den Menschen dieser Welt wie Blutsbrüder und Schicksalsgefährten verbunden sein wollen; auf dass sie Fremdlinge aufgrund ihres Glaubens, nicht aber aus Gründen, die in ihnen selbst liegen, sind."[161]

Derart ist der Raum des Glaubens eine Heterotopie, eine Anderortigkeit im Sinne von Michel Foucault, ein Anders-Ort in der Welt, wo „ganz andere Gesetzmäßigkeiten, Visionen, Ordnungen der Dinge herrschen"[162]. So schreibt Delbrêl: „Wir sind zusammengeschweißt mit den Dingen, von denen sie (die Menschen) leben, die sie erdulden, aus denen sie ein bisschen Freude schöpfen, denn in eben diesen Dingen schaffen wir deutlich für den Einen Platz, für den kein Platz mehr verbleiben soll: für Gott; denn wir bleiben freiwillig dort, von wo man Christus verjagt, und solange man uns nicht verjagt, wird Christus dort sein, wo wir sind."[163]

Michel de Certeau formuliert dies so: „Die Kühnheit des Glaubens besteht in dem Willen, … bis an das Ende der Spannungen und Ambitionen einer bestimmten Zeit zu gehen … Das Gepäck des Spirituellen ist dabei nicht üppiger als das seiner Zeitgenossen. Was er … von ihnen empfängt und was er ihnen zurückgibt …, das begreift er als eine Frage, die sich in jeder Begegnung immer wieder neu stellt, als eine glückliche Wunde im Herzen jeder … Solidarität."[164]

Madeleine Delbrêl spricht von der Einsamkeit des gläubigen Menschen in der Welt und von der Notwendigkeit, diese Einsamkeit zu akzeptieren, nämlich „absolut allein und absolut solidarisch zu sein"[165]. Mit Steiof gilt: „Die Einsamkeitserfahrung erscheint so als Korrelat der unhintergehbaren und bleibenden Fremdheit des Glaubens."[166] Annette Schleinzer schreibt: „Eine solche Einsamkeit bewusst anzunehmen, ist für Madeleine die tiefste missionarische Kraft gegenüber einer atheistischen Umwelt. Sie kann zur Bresche werden, durch die hindurch Gott gegenwärtig und sichtbar wird – in dem Maße, wie alle menschlichen Konzepte, alle Sucht nach Bestätigung und nach einem ‚Erfolg' der Verkündigung auf ihn hin losgelassen sind."[167] Gerade in dieser Einsamkeit des Glaubens ist der gläubige Mensch „Bürge/in" aller vor Gott, ein Glaubender vor Gott für alle und gerade darin als der Nächste der Menschen in seiner Umgebung.[168] In diesem Sinn glauben die Gläubigen stellvertretend für alle Menschen.[169] So wird der gläubige Mensch in dieser Güte zum „sinnlichen Leib der göttlichen Liebe"[170]. Es geht um jene Stellvertretung, wie sie eine der Heiligenstädter Schwestern im Projekt „Manege" für Jugendliche in Berlin-Marzahn von einem im Sterben liegenden jungen Menschen erzählt, der zur Schwester sagt: „Du hast Gott, zu dem du betest. Er soll mich gut aufnehmen, wenn ich sterbe."

3. Erwählung

Für Madeleine Delbrêl ist der Glaube nicht heilsnotwendig, aber lebensbereichernd, in ihm erfährt sich der gläubige Mensch vom Tod zum Leben beschenkt bis dahin, dass es ein Glück ist, mit einem solchen Glauben leben zu dürfen. Wer sich so von Gott lieben lässt, kann lieben, um zu lieben, kann lieben ohne Beisatz. Darin besteht die tiefste Gratuität menschlichen Lebens im Horizont des Glaubens.[171] So geht es darum, dass die Gläubigen selbst ihren Glauben zutiefst ernst nehmen und so bezeugen, und es geht nicht darum, den Ungläubigen zu sagen, dass sie glauben *müssen*! Denn dieses Müssen bindet den Glauben an eine Bedingung, die mit der Unbedingtheit der Liebe Gottes nicht vereinbar ist. Wo der Glaube nicht der Liebe dient, kann man ihn ohnehin vergessen. Nur wenn der Glaube selbst-los der Liebe dient, ist er wahr *und* gut.

Gott allein gewährt die Gnade des Glaubens um der Erwählung zur universalen Liebe willen, in der Gottesbotschaft wie im Menschenzeugnis. Diese Erwählung kann keine Ausgrenzung der anderen und damit gegen die Liebe sein, sondern nur zugunsten der Erwählung auch der anderen, der Nichtglaubenden im Horizont dieser unbedingt unendlichen Liebe. Man kann den Glauben nicht „machen". Und man muss es auch nicht. Genauso wenig wie man sagen kann, du musst lieben (im affektiven Sinn), kann man sagen, du musst glauben. Gerade wenn Gott abgrundtief Liebe ist, kann man nicht sagen: Du musst dich erst von Gott lieben lassen, damit Gott dich wirklich liebt. Niemand ist schuld, wenn er/sie den Glauben nicht geschenkt bekommen hat. Und manche betrübt es, dass sie im Glaubensbereich „unmusikalisch“ sind.

Diese „Erwählung“ zum Glauben beinhaltet die frohe Botschaft, dass Gott alle Menschen liebt, und steht im schärfsten Widerspruch zu der Vorstellung, dass diejenigen, die nicht erwählt sind, die Ungeliebten, gar die Verdammten seien. Diese Botschaft kommt in einem solchen Glauben zum vertrauenden Bewusstsein, zur Feiergestalt, von der her das Leben eine andere Gestalt gewinnt. Offensichtlich „genügt“ Gott diese Gestalt in einer begrenzten sozialen Wirklichkeit durch die Geschichte hindurch, mit stellvertretender Qualität für alle Menschen. Wie es ihm auch „genügte“, in einem Menschen, nämlich in Jesus von Nazareth, und nicht in einem allumfassenden Kollektiv, diesen Glauben darzustellen und zu verwirklichen.

Eine solche Erwählung kommt vollkommen ohne Drohung aus, sie ist vielmehr ihr radikales Gegenteil. Wie es etwas Besonderes ist, verliebt sein zu dürfen. Wie es ein Glück ist, gute Freunde und Freundinnen zu haben. Das Besondere an all dem ist, dass man es nicht erzwingen kann. Es handelt sich bei diesen Beispielen um jene außerordentlichen Erfahrungen von Liebe, die all die normalen Erfahrungen der Treue, der gegenseitigen Solidarität von Menschen nicht kleiner machen, aber etwas darüber hinaus sind. Sie sind nicht notwendig für ein wertvolles menschliches Leben, aber sie können die Erfahrung des Lebens sehr vertiefen. Oder kann man etwa sagen, dass Menschen, denen es nie geschenkt ist, sich zu verlieben bzw. dass andere sich in sie verlieben, deswegen nicht gute

Menschen sein könnten, die Schutz und Geborgenheit erfahren (haben) und auch weitergeben können?

Ähnlich ist es mit dem Gottesglauben, mit dem Geschenk einer unvergleichlich unerschöpflichen Liebe Gottes. Hier trifft die Liebesmetaphorik des Hohenliedes das Wesen dieser Liebe. Man will der ganzen Welt davon erzählen und kann gleichzeitig niemanden dazu nötigen. Weil es sich um Gnade handelt. Und wer sich darauf etwas einbildet, als hätte er es hergestellt, hat es schon zerstört. Aber man kann die Sehnsucht dafür öffnen durch die Art und Weise, wie man mit den Menschen lebt. Jeder Selbstruhm ist fehl am Platze, denn diese Gratuität, diese Gratisgegebenheit der Gnade, ist nicht nur nicht verdient, sondern sie kann auch genauso umsonst um dieser Liebe willen einen Schmerzraum öffnen, der mit Zeugnis, Sühne und Stellvertretung zu tun hat. Denn die Sensibilisierung aus dieser Liebesbeziehung heraus lässt das Leben in Empathie, in der Trauer mit den Trauernden und dem Glück mit den Glücklichen, vibrieren.

16. Gott die Ehre geben

1. Anbetung und Anerkennung

Gotteslob und Anbetung bilden den spirituellen Erfahrungsraum eines „nutzlosen“ Gottes, nutzlos in dem Sinn, dass er in keinem Erfahrungs-, Interessen-, und Intentionenbezug aufgeht. In der Doxologie geht es darum, Gott die Radikalität seines Gottseins zu lassen, sie anzuerkennen. Es geht darin um jene Gegenwart Gottes, die gelobt und gefeiert wird unabhängig von seinem Nutzwert für die Menschen. Darin wird verhindert, dass die Liebe Gottes in den menschlichen Interessen, die oft genug auch mit Liebe verbunden werden, aufgeht. Vielmehr zeigt sich im Liebesein Gottes zugleich die göttliche Unabhängigkeit, unendliche Tiefe und absolute Unbedingtheit dieser Liebe der menschlichen Liebe gegenüber.

Wenn in bestimmten Texten des Alten Testaments die Menschen das Gebot erhalten, Gott zu lieben, dann geht es dort nicht zuerst um den individuellen Liebesbegriff, sondern um die Anerkennung der Herrschaft Gottes über Welt und Leben, analog zur, aber auch wieder anders als die Anerkennung des Volkes gegenüber Königen und Pharaonen. Diesem Gebot zur Anerkennung der Herrschaft Gottes geht nämlich die Selbstoffenbarung eines besonderen Wesens voraus: dass Gott die Not seines Volkes hört und dass Gott es aus der Knechtschaft herausführt. Insofern hat diese Art von Anerkennung der Herrschaft Gottes dann doch wieder jenen affektiven Anteil, der sich auf dieses Wesen Gottes bezieht. Beides gehört zur

Doxologie. Die Zehn Gebote Gottes (vgl. Ex 20,2–17 und Dtn 5,6–21) „stehen so in heilsgeschichtlicher Perspektive, sie sollen die Israel geschenkte Freiheit bewahren.“[172] In der Doxologie schließen sich also Affektivität der Liebe und Anerkennung der Gottheit Gottes nicht aus.[173]

Eine solche Doxologie wird zum Freiheitsgewinn, auch zum innerkirchlichen: „Wo diese Ausrichtung klar ist, da können auch soziale Einbindungen gelockert und vertraute kirchliche Sozialformen verlassen werden. Delbrêl überschreitet eine bisherige Grenze kirchlichen Handelns, um den Menschen ihrer Zeit maximal nahe zu sein; zugleich verbindet sie diese Überschreitung jedoch mit Motiven – und das Herrlichkeitsmotiv ist eines davon –, die in dieser Überschreitung auf die Welt hin die religiöse Dimension dieses Tuns hervorheben.“[174] In der Doxologie, im Lobpreis der Herrlichkeit Gottes, sind alle Ausschließungsprozesse kirchlicher Pastoral überwunden.

Wenn also „der Aspekt der ‚Nutzlosigkeit‘ Gottes stärker in den Fokus gerückt und von Vorstellungen eines ‚nützlichen‘ Gottes abgegrenzt wird, zeugt dies von dem berechtigten Anliegen, Gott von Formen der menschlichen Bemächtigung … zu befreien. Christen begegnen einer Welt, die Gott zu ihrem Funktionieren nicht mehr nötig hat. Gerade diese zeitgeschichtliche Erfahrung der ‚Überflüssigkeit‘ und des Fehlens Gottes in Sprache und Denken der Menschen löst einen Prozess der kreativen Infragestellung theistischer Konzepte aus und wandelt sich zum Entdeckungsort des Aspekts der ‚Nutzlosigkeit‘ bzw. Gratuität im Gottesbild.“[175]

Diese Entdeckung hat Anteil an jenem doxologischen Vorgang, Gott um seiner selbst willen, um ihres Soseins willen zu ehren, wie Gott selbst den Menschen um seiner Existenz willen „ehrt“, auch die ganze Schöpfung um ihrer Autonomie willen, die er ihr selbst geschenkt hat, auch wenn diese Autonomie ihrerseits nicht zum expliziten Lob Gottes und zum Glauben führt. Gottes schöpferische und rettende Liebeskraft umfängt die Differenz zu sich selbst: die Differenz der autonomen Schöpfung und der im Glauben oder Nichtglauben autonomen Menschheit. Derart geht es um die „rechte Autonomie der irdischen Wirklichkeiten“ (Gaudium et spes 36).

Dabei geht es nicht darum, anderen Religionen und Gläubigen eine christliche Identität zu unterstellen, sondern es geht darum, Gott nach innen und nach außen als unerschöpfliche Liebe und Freiheit zu verkünden, so sehr, dass die Freiheit der anderen, anders zu sein und zu glauben oder nicht zu glauben, von dieser Liebe völlig nichtintegralistisch und unbegrenzt und bedingungslos und ohne Wenn-Dann (also nicht vereinnahmend) „umfangen“ ist, wobei das Wort „umfangen“ auch wieder falsch ist, denn es suggeriert eine Grenze zwischen Umfangenem und Nichtumfangenem, die es bei Gott nicht gibt. Gibt es ein Wort, das beides ausdrückt, das Umfangensein und die Unbegrenztheit des Umfangenseins?

Die Erfahrung menschlicher Liebe wird hier überstiegen auf jene unbedingte Anerkennung des Menschen und seines Existenz- und Wohlergehensrechtes, die auch dann gilt, wenn sich keine affektive Liebe einstellt, in der man immer irgendwie etwas vom andern „hat“. Hier gilt das matthäische Jesuswort: Wenn ihr nur die liebt, welche euch lieben … (vgl. Mt 5,46, vgl. auch Lk 6,32). Genau damit steht der oben (Kapitel 12. 3) bereits erinnerte Vers in Verbindung: „Ihr sollt also vollkommen sein, wie es auch euer himmlischer Vater ist" (Mt 5,48). Auch hier wird die Liebe den nicht Liebenswürdigen gegenüber an die allumfassende Liebe Gottes gebunden, die auch die Lieblosen umfasst und erst recht die Nichtglaubenden: denn Gott liebt die, die ihn nicht lieben.

„Wer liebt, ist ein Christ. ... Denn die Liebe, die hier als Inhalt des Christseins geschildert wird, verlangt von uns, dass wir versuchen, so zu lieben, wie Gott liebt. Er liebt uns nicht deswegen, weil wir besonders gut, besonders tugendhaft, besonders verdienstvoll sind, weil wir ihm etwa nützlich oder gar nötig wären – er liebt uns, nicht weil *wir* gut sind, sondern weil *er* gut ist. Er liebt uns, obwohl wir ihm nichts zu bieten haben. Er liebt uns selbst noch in den Lumpengewändern des verlorenen Sohnes, der nichts Liebenswertes mehr an sich trägt. Auf christliche Weise lieben heißt, diesen Weg nachzugehen versuchen."[176]

Simone Weil schenkt uns hier eine beglückende Einsicht: „Eine der kostbarsten Freuden der irdischen Liebe, dem Geliebten zu dienen, ohne dass er davon weiß, ist im Falle der Liebe Gottes nur durch den Atheismus möglich."[177] Und diese Liebe wird von nichtgläubigen Menschen auf ihre Weise gespürt, in der Erfahrung absichtsloser Liebe zwischen den Menschen und in der Erhabenheit mancher Welterfahrung. Wo sich der Glaube ereignet, ist er Ausdruck dieser universalen Wirkung, die auch ohne ihn stattfindet. Wie nach Karl Rahner die sakramentale und verkündende Sprache der Kirche die Ausdrücklichkeit dessen darstellt und ins Bewusstsein hebt, was überall der Fall ist und der Fall sein kann: „Wohl habe ich Israel aus Ägypten herausgeführt, aber ebenso die Philister aus Kaftor und die Aramäer aus Kir" (Amos 9,7).

Vielfältig ist die Erfahrung des Gottesgeistes im Gottesvolk der Kirchen und im Gottesvolk aller Menschen als Erfahrung des Überstiegs (der „Transzendenz“) zur Hoffnung für alle und eines Getragenseins, das Kraft gibt, um sich für Barmherzigkeit und Gerechtigkeit einzusetzen:

- vielfältig im Bereich des christlichen Gottesvolkes selbst und der vielen unverwechselbaren persönlichen und gruppenbezogenen Berufungen zum Glauben;
- vielfältig im Gottesvolk derer, die nicht mehr so recht glauben können, die anders glauben, und in den Erfahrungen, die sie mit ihren Zweifeln und Verlusterfahrungen oder auch Gewinnerfahrungen machen;
- vielfältig im Gottesvolk der Andersgläubigen mit ihren entsprechenden Anteilen; vielfältig auch im Gottesvolk der wenig Religiösen und der Nichtglaubenden in entsprechenden Erfahrungen von Vertrauen und Hoffnung;[178]
- vielfältig in den Begegnungen *zwischen* diesen und noch weiteren Glaubens- und Nichtglaubensrichtungen im Volk Gottes aller Menschen: zwischen innen und außen, zwischen außen und innen, vor allem was die Kirchen anbelangt.

Für Madeleine Delbrêl ist es selbstverständlich, dass „Gottes Liebe alle Menschen umfasst und sich nicht auf die Grenzen einer Glaubensgemeinschaft beschränkt … Auf diesem Hintergrund lässt sich auch leicht erschließen, warum eine einem Atheisten verweigerte Liebe Gottes Herrlichkeit verdunkelt.“[179] So bewahrheitet sich nicht nur in der zwischenmenschlichen Weise, sondern auch in der Gottesbeziehung und im Glauben selbst, dass gegenüber Glauben und Hoffen, die einmal vergehen werden, die

Liebe, die immer bleibt und bis in den Himmel hineinreicht, das größte ist (vgl. 1 Kor 13,13).

Wird Gottes Liebe, die allen aus der Tiefe seines „affektiven" Herzens heraus gilt, derart das Maß für die Liebe der Menschen, dann erweitert sich bei Letzteren der Liebesbegriff über die affektive Liebe hinaus zu einer Liebe auf zweiter Ebene, nämlich ohne affektiv sein zu müssen.[180] Dorothee Steiof formuliert dies, im Anschluss an Madeleine Delbrêl, so: „War noch gerade von dem Zuspruch die Rede, als Mensch nicht anders zu können, als zu lieben, so scheint es im Umfeld von Doxologie paradoxerweise auch den gegenteiligen Zuspruch zu geben – der Mensch wird entlastet, nicht immer lieben zu ‚müssen': Gott oder einem Menschen das rechte, ihm von seinem Sosein zustehende Gewicht zu geben, setzt einen anderen Akzent als Beziehungsangebote, bei denen affektive Liebe im Mittelpunkt steht. Etwas provokant könnte man vielleicht sagen, dass hier die Glaubensgemeinschaft ein Beziehungsangebot bereithält, bei dem der Mensch nicht oder zumindest nicht primär lieben ‚muss'! Es wäre zu fragen, ob nicht in einer so akzentuierten Gottesbeziehung Ressourcen entdeckt werden können, auch in Menschenbeziehungen dem Anderen in seinem Dasein – also in seiner unveräußerlichen Würde, die allein mit seiner Existenz gegeben ist – das ihm zustehende Gewicht zu geben, auch und gerade in Momenten, in denen die eigenen Liebesmöglichkeiten an ihre Grenzen kommen … Wo eine Glaubensgemeinschaft verlernt hat, auch gegen die eigene Erfahrung und die eigene Liebesmöglichkeit das Lob Gottes anzustimmen, steht zu befürchten, dass auch in der Menschenbeziehung wertvolle Ressourcen des Miteinanders verloren gehen, die allein auf die grundlegende Anerkennung der Existenz eines Anderen zielen. Die zusätzliche Konnotation, die gerade die Doxologie in die Gestalt von Beziehungen einträgt, könnte meiner Einschätzung nach ein wertvolles Gegengewicht zu einem heute oft einseitig geführten ‚Liebesdiskurs' in der Pastoral bilden. In einer Pastoral, in der ‚nur' noch von Liebe geredet wird, könnte paradoxerweise verlernt werden, einen Menschen um seiner selbst willen zu ehren."[181]

2. Vor-Zeichen für die Zukunft des Christentums

Die folgende Erinnerung zeigt christliche „Mission" als reine Gegenwart einer Gott preisenden Gemeinschaft, die die Menschen im Umkreis des Klosters um ihrer selbst willen achtet, ohne Erfolgsabsichten im Sinne der Glaubensausbreitung, aber im Sinne des „Erfolgs" der eigenen Identität im Horizont dieser (wenn nötig) in Einsamkeit vertretenen schwachen Hoffnung vor und für die Welt. Es geht um nichts anderes als um den Erfolg der absichtslosen und barrierefreien Darstellung der Liebe Gottes in der Welt.

Ich denke an Ordensgemeinschaften, die sich um die Mitte des letzten Jahrhunderts in den muslimischen Gebieten Nordafrikas niederließen und dort eine ganz neue Art ihrer Ordensidentität fanden und lebten. So das Benediktinerkloster von Toumliline, das 1952 von Frankreich aus im Herzen des Maghreb in den Bergen des mittleren Atlas gegründet wurde, in der direkten Umgebung von Berberhirten und kleinen Bauern. Die Mönche „erwarteten keine Bekehrungen zum Christentum, sondern setzten nur ihr monastisches Leben im vollen Umfang fort …

Glauben, der in Gott begründet ist, und von Gott inspirierte Liebe. Dieser Glaube an den gekreuzigten Christus und die unablässige Verehrung der göttlichen Dreieinigkeit werden in einer nichtchristlichen Welt selbstverständlich und in aller Offenheit ausgeübt. Die Türen der Klosterkapelle stehen weit offen, das tägliche *Opus Dei*, das ‚Werk Gottes', oder der Gottesdienst ist Gemeingut aller. Die Mönche verrichten geduldig ihre Handarbeit unter Menschen, denen eine solche Tätigkeit bei gebildeten und kultivierten Menschen fremd ist."[182]

So überzeugend wirken die Mönche, dass die einheimischen Muslime zu sagen pflegen: „Diese Mönche sind Kinder Gottes. Da ist Gottes Hand am Werk. Das sind wahrlich Männer Gottes. Das sind richtige Moslems!"[183] Denn die Mönche kultivieren nicht nur ihre eigene Spiritualität für sich, sondern sie verwirklichen gerade dadurch ihre ureigene benediktinische Spiritualität der Gastfreundschaft, dass sie von den Notwendigkeiten der Bevölkerung her ihre persönliche und strukturelle Innen- und Außenbeziehung regelten: So „bauten die Mönche ein Krankenhaus für die Berber, die in der Umgebung des Klosters in den Bergen lebten, schufen ein Waisenhaus für die Kinder der Moslems, begannen ihre Nachbarn mit Landwirtschaft auf genossenschaftlicher Basis vertraut zu machen, richteten ein Hospiz für Moslemstudenten ein und hielten für diese Studenten alljährlich ein internationales Sommerseminar ab ..."[184] Entscheidend ist dabei: „Niemals versuchten die Mönche, Proselyten zu machen, ja sie verfochten den Standpunkt, es sei ihre Aufgabe, das Christentum vorzuleben."[185] Die Mönche berufen sich dabei nicht von ungefähr auf Charles de Foucauld und auf das, was die „Kleinen Brüder" und „Kleinen Schwestern" in seiner Nachfolge in den verschiedenen

Gegenden Nordafrikas an spezifischer christlicher Existenz leben und leisten.[186]

In den Benediktinern erfahren die Muslime nach eigener Auskunft ihren eigenen Glauben als besonders authentisch dargestellt und aufgewertet – so dass ein junger Muslim zum Abt Dom Denis zu sagen vermag: „Ich habe geglaubt, dass alle Christen schlecht sind, jetzt sehe ich, dass es auch einige Gute gibt."[187]

Die Mönche halten diese Identität, von den Freuden und Leiden des Volkes her ihre Verbindung von Gebet und Arbeit bestimmt sein zu lassen, auch in den Wirren der Unabhängigkeitskämpfe gegen die französische Kolonialmacht durch. Im Konflikt nach beiden Seiten, hier aber besonders den Franzosen gegenüber, sagt der Abt: „Jeder Mensch, der Hilfe braucht, wird von mir Hilfe erhalten."[188] Dass die Benediktiner politischen Gefangenen Tee gereicht haben, sehen die Mönche als bitter nötiges Ausheilen des Grundproblems im bisherigen christlichen Selbstvollzug (nämlich es mit den Mächtigen gegen die Ohnmächtigen bzw. Aufmüpfigen zu halten): „Dieses Niederreißen von jahrhundertealten Vorurteilen … ist ein Grund für unsere Anwesenheit hier. Wenn wir auch mit diesem christlichen Werk bei Christen Ärgernis erregen, die es lieber hätten, die Kirche möge sich mit einem bestimmten politischen Kurs identifizieren, so ist das bedauernswert, ja sogar tragisch!"[189] Im Konflikt steigern sich die Gefahren, sich von beiden Seiten Schädigungen und Lebensbedrohungen einzuhandeln.[190]

Ein bewegendes Dokument für einen Glauben, der bis zuletzt auch die Gottesebenbildlichkeit der Täter nicht aus dem Blick verliert, ganz in der Nachfolge des Jesus, der vom Kreuz herab noch für seine Peiniger betet, findet sich in dem Brief von Pater Christian de Chergé, des Priors des Klosters „Unsere liebe Frau vom Atlas“ 100 km südwestlich von Algier, der am 21. Mai 1996 zusammen mit sechs Ordensbrüdern ermordet worden ist.[191] Der sich auf diese Geschichte beziehende Film „Von Menschen und Göttern“ war besonders in Frankreich ein unerwartet großer Erfolg. Bereits 1993 hat Pater Christian diesen Abschiedsbrief geschrieben, in dem er seinem (zukünftigen) Mörder verzeiht:

„Wenn es eines Tages geschehen sollte – und das könnte schon heute sein –, dass ich ein Opfer des Terrorismus werde, der inzwischen alle in Algerien lebenden Ausländer im Visier zu haben scheint, dann wünsche ich, dass meine Gemeinschaft, meine Kirche und meine Familie sich daran erinnern, dass mein Leben Gott und diesem Land geschenkt war.

Ich habe lange genug gelebt, um zu wissen, dass ich mitschuldig am Bösen bin, das in der Welt leider zu überwiegen scheint, sogar jenem Bösen, das in seiner Blindheit gerade mich treffen kann. Ich wünsche, im entscheidenden Augenblick einen klaren Verstand zu haben, damit ich um die Vergebung Gottes und meiner Brüder hier auf Erden bitten kann und um gleichzeitig von ganzem Herzen demjenigen zu vergeben, der Hand an mich gelegt hat.

Diesen Tod kann ich nicht wünschen, und ich halte es für wichtig, das zuzugeben. In der Tat sehe ich keinen Grund zur Freude darüber, dass diesem Volk, das ich so liebe, unterschiedslos der Mord an mir angelastet wird … Ich kenne die Verachtung, die auf alle Algerier ausgedehnt worden ist. Ich kenne außerdem die Zerrbilder des Islam … Es ist allzu einfach, das eigene Gewissen zu beruhigen, indem man diese Religion mit dem Integralismus seiner Extremisten identifiziert. Für mich sind Algerien und der Islam etwas anderes: Sie sind wie Leib und Seele. … Wie oft habe ich darin sogar jenen ‚roten Faden‘ des Evangeliums wiedergefunden, das ich auf dem Schoß meiner Mutter, meiner allerersten Kirche, kennenlernte, und zwar genau in Algerien und schon damals – mit großer Achtung vor den muslimischen Gläubigen.

Endlich werde ich, so Gott will, meinen Blick in den des Vaters tauchen, um zusammen mit ihm seine Kinder des Islam so zu betrachten, wie er sie sieht: gänzlich erleuchtet von der Herrlichkeit Christi, Früchte seiner Passion, erfüllt von der Gabe des Geistes, dessen verborgene Freude immer das Stiften von Gemeinschaft und Übereinstimmung – im Spiel mit den Unterschieden – bleiben wird.

Dieses verlorene Leben, das restlos mir und restlos ihnen gehört: Ich sage Gott Dank, denn er scheint dieses Leben ganz für jene Freude gewollt zu haben, gegen alles und trotz allem.

Und auch du, Freund des letzten Augenblicks, der du wohl nicht gewusst hast, was du tatest. Ja, auch dir gilt dieser Dank und dieses ‚À-Dieu‘.

Möge es uns gegeben sein, uns als glückliche Schächer im Paradies wiederzusehen, wenn es Gott gefällt, der unser beider Vater ist. Amen! Insch'Allah.“[192]

Dies ist ein „Zeichen der Zeit“, das eine neue Wirklichkeit der Versöhnung setzt, mitten in die Welt von Gewalt hinein, für eine Hingabe bis zum Äußersten, die sich für die anderen einsetzt.

Es ist verblüffend, wie auch der Abschiedsbrief von Alfred Delp bis in manche Formulierungen hinein eine ähnliche Spiritualität ausstrahlt: „Und so will ich zum Schluss tun, was ich so oft tat, mit meinen gefesselten Händen, und was ich tun werde, immer lieber und mehr, solange ich noch atmen darf, segnen. Segnen Land und Volk, segnen dieses liebe Deutschland, in seiner Not und inneren Qual; segnen die Kirche, dass die Quellen in ihr wieder reiner und heller fließen; segnen den Orden, dass er echt und geprägt und frei sich selbst treu bleibt durch die selbstlose Treue an alles Echte und an alle Sendung; segnen die Menschen, die mir geglaubt und vertraut haben; segnen die Menschen, denen ich Unrecht tat; segnen alle, die mir gut waren, oft zu gut." Und im letzten Brief an die Mitbrüder: „Behüt Sie alle der Herr. Ich bitte um Ihr Gebet. Und ich werde mir Mühe geben, von drüben aus das nachzuholen, was ich hier schuldig geblieben bin."[193]

17. Schlussgedanken

1. Nochmals: das Wort aus dem Volk

Das Sprichwort aus Volkesmund, „Wer's glaubt, wird selig, wer's nicht glaubt, kommt auch in den Himmel", hat interessante Bedeutungsfacetten, die auch für unseren Zusammenhang wichtig sein können. Da haben wir zunächst die wörtliche Bedeutung: Wer es glaubt, wird selig, durchaus als Bekenntnis zur künftigen Seligkeit über den Tod von Menschen und Welt hinaus, wobei mitschwingt, dass von daher auch schon das hiesige Leben erleuchtet wird. Im Sprachgebrauch der Menschen bezieht sich dieser Satz meist gar nicht auf den Gottesglauben, sondern auf irgendetwas im Alltag, was nicht glaubwürdig ist. Dabei hat er kaum die wörtliche, sondern vielmehr eine ironisch bis zweifelnde Bedeutung, nämlich dass dieser Glaube, was immer es ist, eigentlich gar nicht geglaubt werden kann, dass er vielleicht zu naiv ist, dass das, worum es hier geht, eigentlich unglaubwürdig ist. Die ironische Bedeutung distanziert sich von der wörtlichen Bedeutung und hintergeht sie.

Allerdings fällt vom „Seligwerden" wiederum ein Bedeutungsanteil auf den Glauben, nämlich: Man muss schon jetzt selig, also irgendwie verrückt, vielleicht sogar gar nicht mehr nüchtern sein, um so etwas glauben zu können. Mit einem solchen Glauben wird man in einer ganz bestimmten Weise selig, nämlich in der unbedarften, unwissenden und kindlichen Weise. Es hängt dann jeweils vom Kontext ab, welche Bedeutungsanteile vorwiegend sind und welche eher nur mitschwingen.

Der zweite Satz verneint den Glauben und kommt dann doch zu den gleichen Wirkungen, nämlich in den Himmel zu kommen und selig zu werden. Der Nichtgläubige kommt auch in den Himmel – soweit es am Glauben hängt! Für Seligkeit und Himmel ist es also gar nicht ausschlaggebend, ob man glaubt oder nicht, dafür ist nur ausschlaggebend, wie die Menschen gelebt haben, ob sie gut oder böse waren. Wenn sie böse waren, rettet sie auch der Glaube nicht vor dem Gericht, der ja dann gar nicht der Glaube ist, der die Menschen aus der unbedingten Liebe Gottes heraus zu ähnlicher Menschensolidarität befähigt. Er ist an seinen Früchten zu erkennen: Wenn er keine Frucht im Verhalten bringt, nutzt auch der Glaube nichts! Ja er wird selbst satanisch, wenn er zerstörerisches Verhalten motiviert und begründet. Es nutzt nichts, wenn Petrus, sprachlich durchaus zutreffend, das Messiasbekenntnis ausspricht und „glaubt", aber gleichzeitig den lebenspraktischen Inhalt dieses Bekenntnisses, die damit zu verbindende Praxis des Kreuzes, verweigert (vgl. Mt 16,23).

Nun kann man die Tatsache, dass zwei widersprüchliche Qualitäten von einer Sache ausgesagt sind, so interpretieren, dass diese Sache nicht viel wert, jedenfalls nicht entscheidend ist. Ob man sie „hat" oder nicht, ist ohnehin egal. Man kann diesen Tatbestand aber auch ganz anders auslegen. Und damit würde man auch die ironische Interpretation des ersten Satzes unterlaufen, nämlich dass dieser Glaube so stark ist, dass er einen solchen Eigenwert hat, dass er nicht mit Plus-Minus-, letztlich Himmel-Hölle-Sanktionen gesichert werden muss. Der Inhalt dieses Glaubens kommt auch denen zugute, die nicht glauben. Denn der Inhalt bleibt in beiden Fällen ja der gleiche: in den Himmel zu kommen. Oder genauer: Es sind die gleichen Auswirkungen des einen Glaubens, der selber dieses aussagt, so kann man schließen, und dessen Inhalt auch für die gilt, die diesen Inhalt weder kennen noch annehmen.

Diejenigen, die glauben, werden mit den gleichen Auswirkungen der Zusage dieses Glaubens beschenkt wie diejenigen, die nicht daran glauben. Indem die inhaltlichen Abgrenzungen von anderen Meinungen gerade darin liegen, den Inhalt dieser Botschaft für alle zu entgrenzen, gibt es kein offenes und auch kein hinterhältiges und auch kein raffiniertes Spiel von Gewalt mehr. Denn eines der schlimmsten Sanktionsmittel, nämlich der Wohlergehensentzug, ist gerade von diesem Glauben her nicht möglich. Damit kann Religion nicht mehr als Ausgrenzungs- und Vernichtungsmotiv funktionieren, schon gar nicht in das Jüngste Gericht und in den Himmel hinein; und dort kommt es für die Religionen zum Offenbarungseid mit der Frage: Wer wird von Gott geliebt und gerettet und wer nicht? Gott aber wird niemals mit Liebesentzug bestrafen, auch über den Tod hinaus nicht. Seine Antwort ist vielmehr die Konfrontation mit seiner Liebe; aber das ist keine Strafe, sondern das Geschenk der Selbstentdeckung im Horizont unendlichen Angenommenseins durch den Schöpfer, weil seine Eigenschaften die gleiche Reichweite haben wie sein Wesen, nämlich unendlich zu sein. Auf diese Liebe bezogen, verschärft sich die abgrundtiefe Differenz zwischen Gut und Böse, auch zwischen Opfern und Tätern viel mehr, als ein Strafsystem es je könnte. Denn die Täter des Bösen befinden sich zur Liebe (und in deren Blick auf die Opfer) in einem schärferen Gegensatz als in einem von der Liebe ausgelagerten kalten Strafsystem, das selbst Böses an sich hat. Sanktionen und damit Gewalt und Zwang haben von daher in der Gottesbeziehung keinen

Platz; allenfalls gibt es die Erfahrung des „gewaltigen Zwangs“ der besseren und unerschöpflich größeren Liebe.

In analoger Hinsicht darf man so etwas wie ein „ex opere operato“ des Glaubens denken: Wie die Sakramente, insbesondere die Taufe, wirksame Zeichen dafür sind, dass Gottes Gnade aus sich heraus wirkt, ohne bedingungshaftes Zutun der Menschen, so wirkt auch der Inhalt des Glaubens aus sich selbst heraus für alle Menschen ohne ihr bedingungsschweres Zutun. Für die Gläubigen heißt das: Wenn der Glaube die Bedingung für die Wirksamkeit seines Inhalts wäre, wäre dies so etwas wie eine Werkgerechtigkeit im Glauben. Gottes Liebe wäre dann im Glauben selbst zu mickrig gedacht.

Die Auswirkungen des Glaubens existieren auch ohne ihn, „gleich“-gültig für alle Menschen. Sie werden aber mit ihm in dieser Form erst bewusst und bekannt. In diesem Sinne ist der Glaube selbst nicht gleichgültig, weil in seinem unverwechselbaren Inhalt die positive Auswirkung für *alle* begründet und gesichert ist. Und genau dies ist die Verkündigung einer frohen Botschaft für alle Welt wert.

2. Was festzuhalten ist …

1. Christlicher Glaube ist befreiender Glaube, erlaubt die Konversion nach innen und nach außen. Seine Mission besteht darin, diese frohe Botschaft den Menschen nicht vorzuenthalten, sie zu erzählen bis an die Enden der Erde und den Menschen gleichzeitig zu sagen, dass diese Botschaft auch dann gilt, wenn sie bleiben, wo und wer sie sind. Jesus sieht auch jene Menschen liebevoll an, die nicht

mit ihm gehen, und holt für sie alle unmöglichen Möglichkeiten aus Gott heraus (vgl. Mk 10,21 und 27).

2. Diese Botschaft gilt bedingungslos, was sich vor allem im Taufauftrag zeigt, nämlich allen Menschen, wenn sie es möchten, bedingungslos jenes Sakrament zu spenden, in dem Gottes Liebe unbeschränkt auf sie zukommt. Aus dieser Perspektive ist die Taufe nicht nur ein Initiationssakrament, sondern ein geschenktes Sakrament, das sich alle Menschen geben lassen dürfen, auch wenn sie in ihren jeweiligen religiösen Identitäten bleiben. Die Taufe besiegelt im Symbol, was die frohe Botschaft im Wort verkündet. Und dies gilt nicht nur nach innen, sondern auch nach außen. Denn die Botschaft von der universalen Liebe gilt allen Menschen. Derart ist nicht nur das verkündigende Wort, sondern auch das Sakrament der Taufe zu verausgaben.[194]

3. Die Praxis des Glaubens besteht nicht nur darin, dieses Glaubenswort zu verkünden, sondern sie besteht auch darin, den Glauben in der sozialen Verantwortung darzustellen: in der Solidarität für alle Menschen und Völker, für die Freiheit und Gerechtigkeit. Ermöglicht wird dieser Weltdienst in besonderer Weise durch die Erfahrung von Gottes Liebe im Glauben, die zur Weitergabe befähigt. Denn dass Solidarität *gefordert* ist, gibt noch nicht ausreichend Kraft, sie auch zu verwirklichen.
Dies gilt auch für den Glauben: nämlich den Glauben nicht zu fordern, sondern die Menschen erfahren zu lassen, wie dieser Glaube eine zusätzliche Schubkraft gibt für jenes Vertrauen und jene Anerkennung, die sie bei den Gläubigen erleben. So dass die Menschen aufmerksam und neugierig werden, was denn bei den Christen und

Christinnen diese Solidarität nach innen und nach außen, in vielen vergangenen und gegenwärtigen Vorbildern bis zum Äußersten,[195] ermöglicht.

4. Im Glauben liegt die Hoffnung: Wo Menschen das Christentum derart erfahren und von daher in ihren eigenen religiösen und kulturellen Identitäten Entsprechendes aufsuchen und suchen, dort auch verstärken, ist dies bereits christliche Mission, und zwar erfolgreiche! Bei der Mission *muss* also für die Institution der Kirche „nichts" herausspringen. So können im Leben und in den Religionen aller Menschen „Funken der Gnade des in unserer Geschichte immer wieder durchbrechenden Reiches" erlebt werden.[196] Christen und Christinnen haben in der Tradition dafür eine Sprache geschenkt bekommen, der sie viel Wahrheit bezüglich dieser Erfahrung zutrauen und mit der sie diese Hoffnung auf sich und auf alle Menschen beziehen, besprechen und feiern können.

5. Die Doxologie, nämlich im Gebet Gott die Ehre zu geben, ist der spirituelle Raum, in dem jene Haltung geschenkt wird, die Gott nicht (mehr) in einem fundamentalistischen Wenn-Dann-Verhältnis verrechnen und damit die Sicherheit des Heiles selbst herstellen muss, als sei sie nicht in Gott längst „geschenkt". Man braucht dann nicht mehr auf die Schwarzweißzeichnung des Außen-Innen-Verhältnisses angewiesen zu sein, um sich sicher auf der rechten Seite zu wissen. Das liturgische Gotteslob ist der vorzügliche Ort, dieses Geschenk Gottes zu erleben, selbst noch in der Erfahrung der Abwesenheit Gottes, also unabhängig von irgendeinem „Nutzen". Die liturgische Feier ist es, die in der symbolischen Erfahrung gleichwohl

Gottes Nähe zu feiern ermöglicht und auf diese Weise den Glauben ausdrücklich an die Doxologie bindet, nämlich Gott größer sein zu lassen als auch nochmals die Erfahrung der Abwesenheit Gottes.[197] Derart sind Glaube und die darin erlebbare Gottesbeziehung genauso zweckfrei wie ihre Feier in der Liturgie, wie die Liturgie selbst, was vor allem Romano Guardini vom „Geist der Liturgie" (1918) her am Herzen lag.

6. Anbetung des geheimnisvollen Gottes und „Überfluss" des Glaubens bedingen sich gegenseitig. Denn die Unendlichkeit des göttlichen Geheimnisses wird als unendliche Unerschöpflichkeit der Liebe geglaubt, die zugleich unendliche Freiheit ist und gibt. Das Gotteslob ist die Feier des unergründlichen Geheimnisses selbst, in der beides, Liebe und Freiheit, in Gott zusammenfallen. Was unter Menschen so schwierig anzunehmen und zusammenzuhalten ist, Liebe ohne Bedingungen und Freiheit ohne Beliebigkeit (also eine Freiheit, die nicht Gleichgültigkeit ist), ist in und mit Gott gegeben.

7. In der Auseinandersetzung darüber, ob die Illusionsfähigkeit des Menschen ein „darwinistischer" Evolutionsvorteil einer überheblichen und mächtigen Menschenklasse gegenüber anderen Menschen wird oder als Motivationsraum gegenseitiger Solidarität „phantasiert" werden kann, wird sich das Christentum künftig auf die Seite der Solidarität stellen. Genau damit entdeckt es das Herzstück seiner eigenen Identität: nämlich dass überall erlebt wird, dass das Christentum kein Herz aus Stein, sondern aus Fleisch hat (vgl. Ez 11,19), gegeben in der Fleischwerdung Gottes selbst und bedankt in der Feier der

Eucharistie. „Die vermittelnde Gegenwart (des unsichtbaren Gottes, O. F.) wird auf sichtbare Weise in der sakramentalen Liturgie, vor allem in der Eucharistie hervorgerufen, in der Jesus als sichtbare Erscheinung Gottes dessen Herrlichkeit im irdischen Brot und Wein aufleuchten lässt."[198] Dieses Brot ist und wird gebrochen, für alle.

Edward Schillebeeckx hat betont, dass „... alle unsere Gottesbilder (nicht seine Wirklichkeit selbst!) in der Tat menschliche Produkte und Projektionen sind."[199] Dies gilt für alle Vorstellungen und Bilder, die die Illusionsfähigkeit des Menschen herzustellen vermag. In dieser Hinsicht sind die Bilder innerhalb des christlichen Glaubens und außerhalb davon in anderen Religionen und Vorstellungswelten von gleicher Qualität. Nach Schillebeeckx offenbart sich Gottes Gegenüber und damit seine Wahrheit insbesondere im Nichtfesthalten, im Loslassen, im Zerbrechen dieser Gottesbilder, in der Einsicht, dass Gott in diesen Bildern und Projektionen nicht aufgeht, sich nicht darin erschöpft, sondern ein darüber weit ins Unendliche hinausgehendes Geheimnis ist und bleibt und als solches den Vorstellungen Tiefe gibt oder sie zerbricht.[200] Falls dieses unerschöpfliche Geheimnis nicht mit unendlicher Liebe identisch ist, so unendlich, dass sie sich ins Endliche hinein „bricht", ist alles verloren! Dagegen steht die johanneische Botschaft: „... denn Gott ist Liebe. Die Liebe Gottes wurde unter uns dadurch geoffenbart, dass Gott seinen einzigen Sohn in die Welt gesandt hat" (1 Joh 4,8–9).

Anmerkungen

1 Vgl. Ottmar Fuchs, Denn für Gott ist nichts unmöglich, Würzburg 1998,123–130.
2 Weitere Literaturbelege zu den folgenden Ausführungen finden sich in meinen inhaltlich naheliegenden Veröffentlichungen.
3 Christian Nürnberger, Oh Jesus!, in: Süddeutsche Zeitung vom 23./24.7.2011, V 2/1, Spalte 6.
4 Ebd.
5 Zitiert bei Arnd Brummer, Unter Ketzern, in: Chrismon (2011) 9,12–18,17.
6 Vgl. Andreas Altmann, Das Scheißleben meines Vaters, das Scheißleben meiner Mutter und meine eigene Scheißjugend, München 2011.
7 Interview mit Andreas Altmann, in: DIE ZEIT vom 8.9.2011 in der Rubrik Glauben und Zweifel 72, Spalte 2.
8 Ebd. Spalte 1.
9 Vgl. ebd. Spalte 4.
10 Vgl. Ottmar Fuchs, Das Jüngste Gericht. Hoffnung auf Gerechtigkeit, Regensburg ^{2}2009.
11 Hier ergeben sich möglicherweise Analogien zum „schwachen Denken" bei Gianni Vattimo, Das Ende der Moderne, Stuttgart 1990.
12 Silvia Strahm-Bernet, Auf Stelzen gehen, in: Fama. Die feministisch-theologische Zeitschrift 14 (2004) 2,12–14; vgl. Judith Könemann: Ich wünschte, ich wäre gläubig, glaub ich. Zugänge zu Religion und Religiosität in der späten Moderne, Opladen 2002.
13 Vgl. Ottmar Fuchs, Taufe und Gemeindeentwicklung. Zur Dialektik von sakramentaler Kirche und kommunikativer Gemeinde im Horizont der Taufe: Walter Kasper, Alois Kothgasser, Albert Biesinger, Jörn Hauff (Hg.), Weil Taufe Zukunft gibt, Ostfildern 2011,34–75.
14 Andreas Odenthal, „Abbondaza". Die Liturgie als „Sakrament des Überflusses", in: Guido Schlimbach, Stephan Wahle, Der Gottesdienst als privilegierter Ort der Ästhetik, Aachen 2011,12–15,14.
15 Ebd. 14.
16 Vgl. Alexander Schimmel, Einstellungen gegenüber Glauben als Thema des Religionsunterrichts, Ostfildern 2011, 192–195, 342.
17 Renate Wieser, „Fromm bin ich nicht, aber ich glaube schon ...": Glaubensdiskurse und religiöse Subjektivierungsweisen katholisch

sozialisierter alter Frauen im 21. Jahrhundert (Dissertation), Graz 2011, 473.

18 Ebd. 508–509.

19 Vgl. Tilmann Moser, Von der Gottesvergiftung zu einem erträglichen Gott, Stuttgart 2003, 48.

20 Dass dies vor allem bei Frauen der Fall ist, erörtert Wieser, Glaubensdiskurse 487.

21 Vgl. ebd. 493–494.

22 Ebd. 504. Zur Karsamstagschristologie vgl. Fuchs, Gericht 127–137.

23 Wieser, Glaubensdiskurse, 497.

24 So stehen katholisch sozialisierte alte Frauen zur Sinnlosigkeit des Leidens, vgl. ebd. 495.

25 Janne Teller, Nichts. Was im Leben wichtig ist, München 2010,11.

26 Ebd. 11 und 9.

27 Ebd. 12.

28 Ebd. 20.

29 Ebd. 12.

30 Vgl. ebd. 24.

31 Ebd. 140.

32 Vgl. ebd. 127.

33 Vgl. Tullio Aurelio, Gott, Götter und Idole. Und der Mensch schuf sie nach seinem Bild, Gütersloh 2011,83.

34 Vgl. Ottmar Fuchs, Gott in Dunkelheit erahnen. Die biblische Verbindung von Lob und Klage, in: Bibel und Kirche 63 (2008) 1,22–27.

35 Vgl. Jan-Dirk Döhling, Der bewegliche Gott. Eine Untersuchung des Motivs der Reue Gottes in der Hebräischen Bibel, Freiburg i. Br. 2009; Jörg Jeremias, Die Reue Gottes. Aspekte alttestamentlicher Gottesvorstellung, Neukirchen-Vluyn ^{2}1997.

36 Joachim Kügler, Wer braucht wozu einen Klerus? Religionswissenschaftliche Marginalien zu Heiligkeitskonzepten und Klerusbildung, in: Rainer Bucher, Johann Pock, Klerus und Pastoral, Wien 2010,319–330,327.

37 Ebd.

38 Vgl. dazu Christian Bauer, Priester im Blaumann. Praktisch-theologische Impulse aus der französischen Bewegung der Arbeiterpriester, in: Bucher, Pock (Hg.), Klerus und Pastoral 115–148.

39 Vgl. Ottmar Fuchs, „Unbedingte" Vor-Gegebenheit des Rituals als pastorale Gabe und Aufgabe, in: Theologische Quartalschrift 189 (2009) 2,106–129.

40 Vgl. Fuchs, Taufe.

41 Vgl. Raimund Schwager, Jesus im Heilsdrama. Entwurf einer biblischen Erlösungslehre, Innsbruck 1990,146.

42 Helmut Merklein, Studien zu Jesus und Paulus II., Tübingen 1998,185.

43 Vgl. Fuchs, Gericht 103–109.

44 Vgl. Ottmar Fuchs, Straft Gott böse Menschen?, in: Albert Biesinger, Helga Kohler-Spiegel (Hg.), Woher, wohin, was ist der Sinn. Kinder fragen – Forscher und Forscherinnen antworten, München 2011,89–98.

45 Vgl. dazu im Zusammenhang des Films „Dead Man Walking" Hanspeter Schmitt, Schuld, Erlösung und Würde des Menschen, in: Orientierung 60 (1996) 133–196.

46 Vgl. Fuchs, Gericht 256–264.

47 Theodor W. Adorno, Stichworte. Kritische Modelle 2, Frankfurt am Main 1969,98.

48 Ebd.

49 Ebd. 99.

50 Ebd.

51 Ebd.

52 Vgl. Internet http://abenteuerforschung.zdf.de.

53 Alfred Delp, Worte der Hoffnung, Würzburg 2009,17.

54 Walter Groß, Gott als gewalttätiger Geschichtslenker im AT?, in: Theologische Quartalschrift 191 (2011) 4,291–303,295.

55 Vgl. Ottmar Fuchs, Versuch einer „Hermeneutik der Gewalt". Eine praktisch-theologische Auseinandersetzung mit dem „gewalttätigen" Gott der Bibel, in: Joachim Kügler (Hg.), Impuls oder Hindernis? Mit dem Alten Testament in multireligiöser Gesellschaft, Münster 2004,169–194.

56 Vgl. Paul Michael Zulehner u. a., Solidarität. Option für die Modernisierungsverlierer, Innsbruck/Wien 1996,215 ff.

57 Vgl. Doris Nauer, Seelsorge. Sorge um die Seelsorge, Stuttgart 2007, 70–109.

58 Hans-Joachim Sander, Kommentar zu Gaudium et spes, in: Peter Hünermann, Bernd-Jochen Hilberath (Hg.), Herders theologischer Kommentar zum Zweiten Vatikanischen Konzil, Bd. 4, Freiburg 2005,581–886.

59 Sander, Kommentar 693.

60 Ebd. 702.

61 GS 92,1. Vgl. GS 43,1; Sander, Kommentar, 836.

62 Vgl. ebd. 836.

63 Vgl. ebd. 867, Anm. 10.

64 Ebd. 868–869.

65 Ebd. 869.

66 Ebd. 873.

67 Ebd. 837, Zitat von Ferdinand Reisinger auf der österreichischen Pastoraltagung 1995.

68 Darmstadt und Neuwied 1998.

69 Vgl. das Gespräch von Antje Bultmann mit Carl Amery, in: Droht die Weltherrschaft einer neuen Herrenrasse?, in: Publik-Forum (1998) Nr. 22,12–13.

70 Vgl. Stéphane Hessel, Empört euch!, Berlin 2011.

71 Vgl. Horst-Eberhard Richter, Wer nicht leiden will, muss hassen, Hamburg 1993.

72 Vgl. dazu Hans-Joachim Sander, Das Außen des Glaubens – eine Autorität der Theologie, in: Hildegund Keul, ders. (Hg.), Das Volk Gottes, Würzburg 1998,240–258.

73 Vgl. Ottmar Fuchs, Religiöse „Erwählung" – für welche soziale und politische Praxis?, in: Dirk Ansorge (Hg.), Der Nahostkonflikt. Politische, religiöse und theologische Dimensionen, Stuttgart 2010,86–120.

74 Vgl. Ulrich Berner, Erwählungsglaube und Rassismus, in: Joachim Kügler (Hg.), Prekäre Zeitgenossenschaft, Berlin 2006,134–149.

75 Vgl. Ulrike Bechmann, Ottmar Fuchs (Hg.), Von Nazareth bis Bethlehem: Hoffnung und Klage, Münster 2002.

76 Andreas Michel, Gott und Gewalt gegen Kinder im Alten Testament (FAT 37), Tübingen 2003,352.

77 Jean-Pierre Wils, Gewalt als anthropologische Konstante?, in: Concilium 33 (1997) 4,547–555,548f.

78 Vgl. Groß, Gott als gewalttätiger Geschichtslenker 301.

79 Vgl. dazu Martin Ebner, Grundoptionen der historisch-kritischen Exegese, in: Franz-Josef Ortkemper, Florian Schuller (Hg.), Berufen, das Wort Gottes zu verkünden, Stuttgart 2008, 9–20; Ottmar Fuchs, Heilen und befreien. Der Dienst am Nächsten als Ernstfall von Kirche und Pastoral, Düsseldorf 1990,34–36.

80 Vgl. Ottmar Fuchs, Die Menschen in ihren Erfahrungen suchen. Zur Unentrinnbarkeit und Ambivalenz der persönlichen und gesellschaftlichen Erfahrungsorientierung, in: Rainer Bucher, ders., Joachim Kügler (Hg.), In Würde leben, Luzern 1998,209–134.

81 Vgl. Christian Bauer, „Zurück nach Galiläa …" Praktiken spätmoderner Nachfolge Christi auf den Spuren des Markusevangeliums, in: Kügler u. a. (Hg.), Bibel und Praxis 13–36.

82 Vgl. David Plüss, Das Messianische. Judentum und Philosophie im Werk Emmanuel Levinas', Stuttgart 2001,289.

83 Vgl. Ottmar Fuchs, Praktische Hermeneutik der Heiligen Schrift, Stuttgart 2004,438–461.

84 Peter Sloterdijk, Du musst dein Leben ändern. Über Anthropotechnik, Frankfurt am Main 2009,698.

85 Vgl. Norbert Pichler, L. A. Senecas „De brevitate vitae" und P. Sloterdijk „Du musst Dein Leben ändern", in: Theresia Heimerl, Karl Prenner (Hg.), Vergänglichkeit. Religionswissenschaftliche Pers-

pektiven und Thesen zu einer anthropologischen Konstante, Graz 2011,77–94,91.

86 Vgl. dazu ebd. 84 f.; zu ähnlichen Überlegungen in der Liturgie vgl. Fuchs, „Unbedingte" Vor-Gegebenheit.

87 Im Interview von Thomas Metzinger mit Stefan Klein, in: Zeit-Magazin Nr. 37 vom 8.9.2011,20–28,28. Vgl. dazu auch die Beiträge im Themenheft „Die Evolution der Religionen", in: Hirschberg 64 (2011) 6,337–358.

88 Metzinger, Interview 28.

89 Ebd. 26–27.

90 Ebd. 28.

91 Vgl. Wolfgang Wildgen, Die Prägnanztheorie als Basis der Semiotik René Thoms, in: Zeitschrift für Semiotik 31 (2009) 1–2,87–104,97.

92 Vgl. Alois Krist, Spannung statt Spaltung. Dimensionen eines förderlichen Umgangs mit Aggression in der Kirche, Berlin 2010.

93 Vgl. Ottmar Fuchs, Im Raum der Poesie. Theologie auf den Wegen der Literatur, Ostfildern 2011,225 ff.

94 Vgl. Wildgen, Prägnanztheorie 98; zu dieser Fähigkeit im Bereich von Poesie und Literatur vgl. Fuchs, Poesie 67 ff.

95 Vgl. Ludwig D. Morenz, 12000 Jahre alte Texte? Zeichen zur kulturellen Bewältigung von Furcht, in: Zeitschrift für Semiotik 31 (2009) 1–2,115–132.

96 Ebd. 117.

97 Ebd. 125–126.

98 Zur Neuro-Architektur dieser kulturellen Fähigkeit vgl. Per Aage Brandt, Prägnanz, Resonanz und die Rolle fremder Intelligenzen. Überlegungen zur Neuro-Architektur der Wahrnehmung, in: Zeitschrift für Semiotik 31 (2009) 1–2,105–113,106 ff.

99 Vgl. Ottmar Fuchs, Fluch und Klage als biblische Herausforderung, in: Bibel und Kirche 50 (1995) 1/2,64–75.

100 Paulus zitiert hier Dtn 32,35.41 und Spr 25,21 ff.

101 Vgl. Fuchs, Gericht 110–160.

102 Vgl. Roland Barthes, Mythen des Alltags, Frankfurt/M. [3]1974,85 ff.

103 Vgl. Ottmar Fuchs, Prophetische Kraft der Jugend?, Freiburg i. B. 1986,46–72.

104 Vgl. dazu Ottmar Fuchs, Die Pastoral im Horizont der „unverbrauchbaren Transzendenz Gottes" (Karl Rahner), in: Theologische Quartalschrift 185 (2005) 4,268–285.

105 Veronika Hoffmann, Beweist der Durst die Quelle? Zum Umgang mit einigen religionskritischen und religionsaffirmativen (Alltags-)Argumenten, in: Theologie der Gegenwart 53 (2010) 3,228–235,235.

106 Vgl. Fuchs, Poesie 101–106.

107 Vgl. Jacques Derrida, Falschgeld. Zeit geben I, München 1993.

108 Vgl. Robert Ochs, Verschwendung. Die Theologie im Gespräch mit Georges Bataille, Frankfurt a. M. 1995, 262 f.

109 Vgl. dazu Ottmar Fuchs, Theologie aus der Erfahrung des „Mysterium Dei", in: Pastoraltheologische Informationen 24 (2004) 2, 68–104, 76–80.

110 Vgl. Andreas Hadjar, Meritokratie als Legitimationsprinzip. Die Entwicklung der Akzeptanz sozialer Ungleichheit im Zuge der Bildungsexpansion, Wiesbaden 2008.

111 Vgl. Norbert Bolz, David Bosshart, Kultmarketing. Die neuen Götter des Marktes, Düsseldorf 1995.

112 Vgl. auch Dirk Baecker (Hg.), Kapitalismus als Religion, Berlin 2003.

113 Bolz, Bosshart, Götter 199.

114 Ebd. 198.

115 Ebd. 206.

116 Ebd. 253.

117 Ebd. 312.

118 Vgl. mit Berufung auf Walter Benjamin: Michael Schüssler, Kauf dir eine bessere Welt?, in: Johann Pock, u. a. (Hg.), Pastoral und Geld, Wien, Berlin 2011, 131–152.

119 Vgl. dazu Ulrike Bechmann, Geldgeschichte(n), in: Pock u. a. (Hg.), Geld 29–48.

120 Vgl. Aurelio, Gott 284; Bernhard Nitsche, Wahrheitsanspruch und Gewalt, in: Theologisch-praktische Quartalschrift 150 (2002) 1–11, 8 ff.

121 Vgl. Ulrike Bechmann, „Ich erschaffe das Licht und mache das Dunkel" (Jes 45,7) – Zentrale Aspekte der Gottesbeziehung in der Bibel, in: Andreas Renz u. a. (Hg.), Der stets größere Gott. Gottesvorstellungen in Christentum und Islam, Regensburg 2012, 49–67.

122 Vgl. neuerdings Joachim Bromand, Guido Kreis (Hg.), Gottesbeweise von Anselm bis Gödel, Berlin 2011.

123 Vgl. Joachim Kügler, Ulrike Bechmann, Proexistenz in Theologie und Glaube, in: Theologische Quartalschrift 182 (2002), 72–100, 90 f und 93 f.

124 Vgl. Birgit Hoyer, Seelsorge auf dem Land, Räume verletzbarer Theologie, Stuttgart 2011, 45–89.

125 Michael Theobald, „... und schickte seine Heere aus" (Mt 22,7), in: Theologische Quartalschrift 191 (2011) 4, 304–314, 311 bzw. 314.

126 Ebd. 313; zur Lebensbedeutung des Kreuzes in diesem Zusammenhang vgl. den Beitrag von Andreas Odenthal, Gewalt – Ritual – Differenz, in: Theologische Quartalschrift 191 (2011) 4, 341–353, 346 und 351.

127 Papst Benedikt XVI, Ansprache bei der Eucharistiefeier in Freiburg am 25. 09. 2011, in: Sekretariat der Deutschen Bischofskonferenz (Hg.), Verlautbarungen des Apostolischen Stuhls Nr. 189, Bonn 2011,132–137,133.

128 Zum entsprechenden Bezug auf Dietrich Bonhoeffer vgl. Heinz-Günther Schöttler, „... von der Welt durch nichts Anderes getrennt als durch den Glauben". Plädoyer für eine religionskritische Pastoraltheologie, in: Theologische Quartalschrift 182 (2002) 2,101–127, auch Ottmar Fuchs, Christologische Karriere als Kehre in der Theodizee, in: Rudolf Hoppe, Ulrich Busse (Hg.), Vom Jesus zum Christus, Berlin 1998,571–613.

129 Vgl. Reinhard Voss, Lebe so, dass man Dich fragt. Alltag und Glaube in ökumenischer Verantwortung, Hildesheim 1991.

130 Odenthal, Gewalt 343, hier den Vorwurf von Hermann Beland referierend.

131 Vgl. Ochs, Verschwendung.

132 Jacques Schepens, Die Pastoral in der Spannung zwischen der christlichen Botschaft und dem Menschen von heute, München 1994,25–26.

133 Vgl. Ottmar Fuchs, Die jüdisch-christliche Spiritualität der Klage, in: Anzeiger für die Seelsorge 114 (2005) 1,20–23.

134 Vgl. Groß, Gott 303, Anm. 18.

135 Vgl. Odenthal, Gewalt 324–344.

136 Vgl. Ottmar Fuchs, Unerhörte Klage über den Tod hinaus! Überlegungen zur Eschatologie der Klage, in: Jahrbuch für Biblische Theologie, Band 16 Klage, Neukirchen-Vluyn, 2001,347–379.

137 Vgl. Thomas Markus Meier, Friedrich Dürrenmatt und die Frage nach dem Zufall. Ein theologischer Zugang (Dissertation), Tübingen 2011.

138 Vgl. (mit entsprechender Replik auf Jürgen Habermas) Ottmar Fuchs, Solidarität auf der Basis christlicher Spiritualität, in: Albert Biesinger, u. a. (Hg.), Solidarität als interkultureller Lernprozess, Münster 2005,21–52.

139 Vgl. Ottmar Fuchs, In der Sünde auf dem Weg der Gnade, in: Jahrbuch für Biblische Theologie Bd. 9 (1994): Sünde und Gericht, Neukirchen-Vluyn 1994,235–259.

140 Vgl. dazu den Kommentar von Roman A. Siebenrock, in: Peter Hünermann, Bernd Jochen Hilberath (Hg.), Herders Theologischer Kommentar zum Zweiten Vatikanischen Konzil, Bd. 3, Freiburg i. Br., Basel, Wien 2005,591–693.

141 Ingolf U. Dalferth, Umsonst. Eine Erinnerung an die kreative Passivität des Menschen, Tübingen 2011,31–32.

142 Ebd. 71 und 73.

143 Ebd. 75.

144 Ebd.
145 Ebd. 131.
146 Ebd.
147 Vgl. Fuchs, Gericht.
148 Vgl. Tomas Halik, Geduld mit Gott. Leidenschaft und Geduld in Zeiten des Glaubens und Unglaubens, Freiburg i. Br. ^{2}2011,46–71.
149 Karl Rahner, Tod als Aufgang des Lichts, in: Michael Plattig (Hg.), Therese von Lisieux. Zur Aktualität einer Heiligen, Würzburg 1997,27–30,27.
150 Halik, Geduld mit Gott 51.
151 Vgl. ebd. 57 ff, 64 ff.
152 Ebd. 52.
153 Madeleine Delbrêl, Auftrag des Christen in einer Welt ohne Gott, Freiburg ^{2}2000,176. Die Hinweise auf Madeleine Delbrêl verdanke ich Dorothee Steiof, GottesGewicht. Ein praktisch-theologisches Gespräch zwischen Erfahrungen des Alten Testaments und dem Lebenszeugnis von Madeleine Delbrêl aus doxologischer Perspektive (Dissertation), Tübingen 2012,173–348.
154 Zitat aus Annette Schleinzer, Madeleine Delbrêl, Gott einen Ort sichern, Ostfildern ^{2}2003,118 f.
155 Benedikt XVI., Tag der Reflexion, des Dialog und des Gebets für Frieden und Gerechtigkeit auf der Welt, Ansprache in Assisi, Basilika „Santa Maria degli Angeli" am 27. Oktober 2011.
156 Vgl. Herbert Schnädelbach, Der Fluch des Christentums, in: Die Zeit 20 (11. Mai 2000) 41–42.
157 Ein Wort von Georges Bataille: als Vorgang unberechneter Verschwendung, vgl. Ochs, Verschwendung.
158 Delbrêl, Auftrag 140, vgl. auch Katja Boehme, Gott aussähen. Zur Theologie der gottoffenen Spiritualität bei Madeleine Delbrêl, Würzburg 1997,161.
159 Delbrêl, Auftrag 183.
160 Steiof, GottesGewicht 254.
161 Madeleine Delbrêl, Wir die Kommunisten. Diagnosen, Einsiedeln 1975,167.
162 Hans-Joachim Sander, Einführung in die Gotteslehre, Darmstadt 2006,34.
163 Madeleine Delbrêl, Frei für Gott. Über Laien-Gemeinschaften in der Welt, Einsiedeln 1976,103.
164 Michel de Certeau, La faiblesse de croire, Paris 1998,46.
165 Delbrêl, Auftrag 173.
166 Steiof, GottesGewicht 270.
167 Annette Schleinzer, Die Liebe ist unsere einzige Aufgabe, Ostfildern 1994,264.
168 Vgl. Delbrêl, Auftrag 163.

169 Vgl. Steiof, GottesGewicht 271.
170 Delbrêl, Kommunisten 139.
171 Vgl. Steiof, GottesGewicht 224 und 264.
172 Ruth Scoralick, Zehn Gebote/Dekalog, in: Ulrike Bechmann, Monika Fander, Grundbegriffe zum Alten und Neuen Testament, München 2003,254–255,254.
173 Vgl. dazu Isa Breitmaier, Lehren und Lernen in der Spur des Ersten Testaments, Münster 2004,232–234.
174 Steiof, GottesGewicht 321–322.
175 Ebd. 309.
176 Joseph Ratzinger, Vom Sinn des Christseins. Drei Predigten, München 1965,56–57.
177 Dieses Zitat verdanke ich Tomas Halik, Geduld mit Gott 5.
178 Vgl. Hessel, Empört euch 11, 17 und 20.
179 Steiof, GottesGewicht 264.
180 Was nicht ausschließt, dass auch besondere Menschen auf dieser zweiten Ebene der Liebe affektiv zu lieben vermögen, wie beispielsweise die heilige Elisabeth von Thüringen, vgl. Ottmar Fuchs, „Unmögliche“ Gegenwart der Gabe. Elisabeth und Derrida als akute Provokation, in: Franz Gruber u. a. (Hg.), Geistes-Gegenwart. Vom Lesen, Denken und Sagen des Glaubens, Frankfurt 2009,155–178; ders., Die Liturgie des Leibes. Praktische Theologie im Gespräch mit Emmanuel Lévinas, in: Thomas Freyer (Hg.), Der Leib. Theologische Perspektiven aus dem Gespräch mit Emmanuel Lévinas, Ostfildern 2009,102–144.
181 Steiof, GottesGewicht 311.
182 John La Farge SJ in seiner Einleitung zu dem Buch: Peter Beach, William Dunphy, Mönch und Moslem. Das Benediktinerkloster von Toumliline, Aschaffenburg 1963,5–6.
183 Vgl. ebd. 9 und Beach, Dunphy, Mönch und Moslem,11.
184 Ebd. 11.
185 Ebd. 11–12.
186 Vgl. ebd. 124, auch 224.
187 Ebd. 228.
188 Ebd. 112, im Gespräch mit einem französischen Oberst.
189 Ebd. 141.
190 Vgl. ebd. 156 und 181.
191 Angeblich von islamischen Fundamentalisten. Neuerdings gibt es auch die Vermutung, dass die Bluttat von Militärs verübt wurde, um solche Gräueltaten den Fundamentalisten anlasten und entsprechende Legitimationen für ihre Vernichtung beanspruchen zu können.
192 In: Weltkirche 16 (1996) 4,99–100.
193 Alfred Delp, Im Angesicht des Todes, Würzburg ^{2}2008, 75 bzw. 78.

194 Vgl. Fuchs, Taufe.

195 Vgl. Ottmar Fuchs, Solidarität bis zum äußersten!? Wenn die Entscheidung für das Leben das Leben kostet, in: Franz Weber (Hg.), Frischer Wind aus dem Süden. Impulse aus den Basisgemeinden, Innsbruck 1998, 119–135.

196 Vgl. Edward Schillebeeckx, Hin zu einer Wiederentdeckung der christlichen Sakramente, in: Adrian Holderegger, Jean-Pierre Wils (Hg.), Interdisziplinäre Ethik, Freiburg/Schweiz 2001,309–339, 333–343.

197 Vgl. Edward Schillebeeckx, Ich höre nicht auf, an den lebendigen Gott zu glauben, Würzburg 2006,90.

198 Ebd. 51.

199 Edward Schillebeeckx, Menschen. Die Geschichte von Gott, Freiburg i. B. 1990,107.

200 Vgl. ebd. 107; vgl. Andreas Odenthal, „Kritische Interrelation" von Lebenserfahrung und Glaubenstradition?, in: Theologische Quartalschrift 187 (2007) 3, 183–203,186.